启真馆 出品

加缪手记

第一卷

1935.5-1942.2

［法］阿尔贝·加缪 著

黄馨慧 译

浙江大学出版社

导读 "我要说的是……"

1935年，年方廿二的法国作家加缪（1913—1960）在一本小学生练习簿上写下："1935年5月。我要说的是：……"就此开启了长达近二十五年，直到他因车祸骤然陨落才终止的手记书写。这段札记中的首篇文字，不仅代表了他踏上文学之路的起点，也记录了最初使他决定借由创作来表达的意图。今日，当我们回头审视此段文字，我们看到是桂冠花环底下，那个自始至终都未曾背离其创作初衷的加缪，以及他对创作理念的坚持。

加缪总共累积了九本类似的练习簿，按照时间顺序书写。部分册子于其在世时曾交付他人出打字稿，而作家本人又会对部分打字稿进行增删、修订或评注，甚至有将某些内容撕下另作他用，之后再随意夹回簿子的情况。这些笔记本除了用于记录之外，加缪亦会不时回头翻阅，可见此手记对他的重要性。这些手记的内容多样，记录了加缪二十五年来的读书笔记、思考发想、创作雏形、计划提纲和写作练习，也留下了其旅行见闻、某些当下的感受或观察、不经意听见的旁人对话、偶一为之的私人生活纪录（因不同时期有不同频率）等等多种类型与内容的文字段落。在形式上，加缪不常注明日期，或者不甚精确，以第一人称"我"书写的次数也比一般日记少很多（不过，叙事者即使是"我"也不一定代表作家本人），他甚至经常使用原形动词造出不属于任何特定人称的句子。因此，就内容或形式而言，这些手记都不能算是日记，而较属于私人笔记或杂记。然而，加缪亦非毫无方向地乱写、乱记。事实上，他给自己订下规则：规律记录，而且不准多话。这其实也正是加缪对于写作作为一种劳动活动的理念与自我期许；亦即，持之以恒，专心致志，不为任何外在眼光或为满足自身虚荣而书写，并要专注于身（行动）心（思考）之修养且在两者间取得平衡。虽然加缪后来并未做到他原先所期望的"每一天都要在这本簿子上做笔记"的目标，但已算相当规律且持续。加缪于1960年1月4日辞世，而自1935年5月至1959年12月间，长达二十五年的岁月里，留下了九本簿子共二千五百余条目，没有多话，不为他人，诚实记录思考轨迹，直到生命的终点。

这份坚持不只缘自加缪的创作理念，也来自他对自己的深刻了解。热爱生命的加缪，在青少年时期便罹患可能致命且在当时为不治之症的肺结核，使得他对大千世界的感受与渴望更加深刻而热切。然在追寻丰富世界的同时，对于自己出生成长的贫困街区，以及他深爱却难以通过言语沟通的半聋母亲所代表的那个赤裸、安静而封闭的世界，他始终保有完全的归属感与忠诚。加缪在佛罗伦萨市郊的修道院回廊写下："极端的贫困可以通往这个世间的华丽和丰富。"儿时的贫困生活让他明白，世间真正的财富来自大自然无分别心且超越生死的无穷美好；而死亡随时可能降临的阴影则令他使尽全力拥抱生命的每分每刻。他一方面竭尽所能地燃烧有限生命；另一方面却又渴望如修士般宁静专一的生活。《反与正》这部完成于其创作初期的文集已然清楚表达了这个贯穿加缪一生思想的根本意念：如同世界有白昼亦有黑夜，生命有诞生亦有死亡，两者既相反又互补，皆为生命的真实面，人应平心接受并尽力维持二者之间的张力与平衡。这个概念在加缪创作中期的《反抗者》一书中进一步发展为"南方思想"，与现代世界一味追求极端的绝对主义相抗衡。而加缪在其创作晚期的《流亡和独立王国》短篇小说集中所触及的团结共济（solidaire）或追求孤独（solitaire）之大哉问，亦是沿袭此概念脉络而作之思索。加缪的情人玛丽亚·卡萨雷斯曾说，加缪像悬空钢索上的杂技演员，战战兢兢地走在一条也许能引领他抵达目的地的绳索上，总在努力尝试着不要掉到绳索的这一边或另一边。的确，加缪的一生无论是行为、思想或创作，都在尽力维持各种相对引力间的脆弱平衡，稍一大意或一时松懈，就可能失足坠落至绝对之恶中。然而，怠惰、安逸、选择容易的道路或是干脆放弃，是人心多么难以抗拒的诱惑！可想而知，维系这种平衡是多么困难，需要超人的坚持和勇气。加缪不愿意为了简化挑战而懦弱地躲避，而这是没有清明思考，或缺乏持续自省与自制能力者所达不到的。"我一定会努力将这场和自己的面对面一直延续到底，让它照见我在今生今世中的每一张脸，即使必须付出难以负担的寂寞代价亦在所不惜。不要退让：这一语已道尽。不要妥协，不要背叛。"加缪如是说，而这段话也解释了其手记书写背后的动力。

写下生命中对思考创作有意义的当下片段，本质上即是赋予无形体验以有形的存在和表现。这是所有艺术家的追求，也正是加缪手记作为艺术家工作手记的出发点之一。要将眼睛所见、耳朵所闻、心中所思、身体所感或任何生命历程，以文字为媒介加以记载或表现出来，必须经过理解与分析、筛选与诠释的过程。然而，欲将任何事物以非其本质的形态试图呈现，不可能完全忠实，充其量只能尝试诠释其精髓、印象。加缪终其一生都尝试以最适切的形式表达少数几个他心中最单纯却最深刻的影像、情感和真实，这是他对自己的艺术——既为艺术内容，亦为成就此内容的手法技巧——之期许，也是为何其作品类型横跨小说、戏剧、散文及论述等不同文类，意在借由不同形式，展现只有该特定形式利于显露的面向。此外，加缪更

导读 "我要说的是……"

因每部作品想传递的主旨之不同，而采取相异的写作策略。在创作成品的准备过程中，他的手记即是其艺术之练习场域：在此我们看到许多曾经引发加缪思考并记录下来的片段，观察到他想法的浮现、延续或转折，以及作品由萌发到逐渐成形的过程：从计划产生，下笔用字，到句子、段落的开展，由人物或情节的发想和设定，进而发展以至转型甚至最后舍去不用等等，这些创作历程中的考虑与思索都历历呈现于手记之中。有些条目甚至必须经过其他阅读、智识或生命经验才能让外人如你我得以读懂或发掘出其中的关联。这些笔记像一个万花筒，偶然拾得的吉光片羽在他的眼光中融合出种种可能之画面；它们也像是一坛苗圃，承载着的各个灵光片刻如同一株株的幼苗，在加缪孜孜不倦的书写与思索中被灌溉、供给养分而逐渐茁壮，成为其创作与思想的枝叶肌理。加缪认为艺术家通过作品发声，而艺术作品则是为自己发声。对向来不爱谈论自己的加缪而言，这些笔记非因作家的自我解释或为留名后世而生，而仅为了协助书写者记忆、思考、捕捉稍纵即逝的想法或感觉而存在。然而，当读者有幸阅读其笔记时，这些性质多元的复调性文字却意外开启了一条理解作家的蹊径，允许我们一探艺术家的思路与创作进程，带领我们一步步跟随着作家经历中的起伏转折，感受到他曾感受过的各种复杂情绪，自我怀疑、不安、确信以至坚持。在这之中，我们得以窥见作家创作和生命的双重轨迹。

这些手记，不仅如镜子般作为加缪和自己及创作面对面的场域，也是与其他思想家、作家或事件交流对谈的微妙空间。信手翻阅，各种人物、事件、文史哲和政治思想的引用参照便跃然眼前：哲学如尼采、席勒、莱布尼茨、斯宾诺莎、斯宾格勒、萨特及历史唯物论，文学如陀思妥耶夫斯基、托尔斯泰、纪德、歌德、基约、弥尔顿、王尔德、雅里、福楼拜、希腊悲剧和神话，艺术如乔托、米勒或柯布西耶，历史如投石党之乱、法国革命、无政府运动、纳粹占领、西班牙内战……这些只是手记引用或影射内容的一小部分。借由手记的记录，我们得以知道加缪在何时读了什么、想了什么，但是这些手记绝对不是引言字典：他并不大量抄录各种名言警句，所做的笔记通常很短，仅引用那些有助其思考或对他具有某种重要性的内容，有时加缪更只写下日期、人名、书名或事件名，以及自己的简短评论或感想而已，这也符合他所立下的"不要多话"并欲移除观众，仅与自己对话的书写准则。心思细腻的加缪尤其对容易为多数人视为微不足道的逸闻感兴趣，但这绝非出于爱听小道消息或道德批判的心态，而是他常在各种经验的小细节中，看到存在的真实面及反讽荒谬之处。囚房中的《局外人》主人默尔索，不正同其作者一样，在反复阅读一则谋杀案件的剪报后做了简短评论？小说中剪报所报道的社会新闻，不也正

导读　"我要说的是……"

改编自发生在阿尔及利亚的真实事件，后来引申成为加缪剧作《误会》的故事主线？外界人物、事件及相关发想或思考成为灵感来源或创作媒材，经过不断反刍、去芜存菁、翻搅融合，以至升华结晶等连续的作用，最后才成为众所周知的作品。这些手记允许我们进入这段原本不打算公开的酝酿过程，乍看之下，它必然貌似一锅大杂烩，但实是所有氤氲香气与澄澈光泽的原貌。

加缪很早便定下了创作方向：由荒谬（存在的前提），经过反抗（自由与正义的追寻），到爱与公平（mesure，相对性与平衡，相对于极端主义）。以时间顺序撰写的手记即是创作的后台，而阅读手记正像陪伴作家走过一辈子的心路历程。每部作品的成形都在手记中留下了印记。手记的第一本至第三本簿子涵盖了荒谬时期，也是加缪的创作初期，文字有时略显生涩，却也有许多灵光乍现的时刻。在此阶段，他草拟不少写作计划，留下众多书写练习并反复修正。几笔具代表性的事实纪录，例如"《局外人》写完了"（1940年5月）以及"《西西弗斯》写完了。荒谬三部完成。开始自由了"（1941年2月21日）。让今日读者好似穿越时空，回到这些决定性的时刻，感受到作家写下这些字句时那沉重又期待的心情。虽然无法断言《西西弗斯》写完时加缪提到的"自由"指的是随着第一阶段的完成，他的创作进入了旨在追寻自由的反抗创作阶段，抑或影射的是作家在密集工作之后重获自由的心情，但可以确定的是，加缪并未"开始自由"。此时的他流浪异乡、旧疾复发，加上来势汹汹的第二次世界大战，无人能置身事外，写下"我反抗，因此我们存在"的加缪更不可能。这段时间大致为其准备《鼠疫》《反抗者》及其他反抗主题作品的阶段，此时期的手记充满了许许多多为准备反抗主题而做的笔记。其间，二战结束，但更多的不安动荡仍然继续。随着第六本簿子的结束，加缪进入了其创作的第三阶段，他在手记中写下："1951年3月7日，《反抗者》初稿完成。前面两个系列也随着这本书，在我37岁时完成了。现在，创作可以自由了吗？"从他的文字，我们得以看出，他仍然期待着自由。在作家的计划中，本阶段是他终于允许自己表现较多的个人色彩，"可以用我的名字来发言"的时刻。然而，《反抗者》的出版引发了加缪和以萨特为首的存在主义者之间的论战，而家乡阿尔及利亚的局势更逐渐陷入恐怖不安，加上许多其他公众及私人领域的原因，使得加缪的创作及人生的最后十年亦不安稳。然而，此时期的创作的确最贴近其内心最私密（但无关个人隐私）的情感，回归土地与其成长的根源，在艺术形式上也达到了前所未有的高度。比较特别的是，越到后期，其手记中似乎有越多属于私人性质的笔记，以及为数不少的旅行随笔，记载了其在荷兰、意大利、阿尔及利亚、希腊、法国南部等地造访的经

导读 "我要说的是……"

历。我们也能在其中找到关于未完成的《第一个人》之相关纪录。

除却内容、形式或功能性等细节，这部手记其实更是加缪面对世界的荒谬和己身的有限与脆弱，起而反抗并追求自由的最佳写照。在此，"正"与"反"之间的张力被有意识地维持着，智识上的思考与身体上的行为合而为一，经验与文字相互滋养平衡，在紧绷的张力中寻找统一性，这些努力正是加缪一生创作与生命历程的投射。阅读他的手记，我们不再由低处仰望顶着诺贝尔光环的加缪，而是——如同他所希望的——与他齐肩，看着他作为一具和你我一样的血肉之躯，一位不确定对错却坚持面对自己的勇者，一个完全活在其时代之中却不放弃追求自由的平凡人，一名离不开万千世界，心灵深处却渴望回归单纯宁静的母亲与大海的游子。他的不凡，在于他的勇气和意志力，永远尝试去了解而不妄下断语的自我要求，以及借由创作肯定人性价值并追求真理的努力。根据其记于1937年9月15日的笔记，我们可以看出加缪对自己生命以及自身艺术的态度："好比搭乘那种长途夜间火车，在车上我们可以和自己对话，准备之后的行程，独处，用不可思议的耐心去爬梳那些念头，不让它们四处乱窜，然后继续向前推进。舔舐自己的生命，仿佛那是一根麦芽糖，塑造它，磨利它，爱它，又像在寻找最后那个斩钉截铁，可以作为结论的字眼、形象或句子，带着它出发，从此通过它来观看一切。"这段文字正为他的手记，也为其艺术、思想和人生做了最佳的注解。

徐佳华

法国新索邦巴黎第三大学法国文学博士

现任台湾"中央大学"法文系助理教授

大事记

1934

第一次婚姻。

加入共产党。

1935

加缪 22 岁。

6 月取得大学文学士文凭，主修哲学。

积极加入"文化之家"（Maison de la Culture）并成立"劳动剧场"（Théâtre du Travail）。

参与《阿斯图里亚斯起义》的创作工作。

1936

5 月获高等哲学研究文凭。论文题目：《新柏拉图主义和基督教思想》（Néo-platonisme et pensée chrétienne）。

夏天前往奥地利旅行，回程经过布拉格和意大利。

离婚。

继续主持"劳动剧场"。

1937

夏天,因健康因素前往法国——8月在巴黎——接着在昂布兰又住了一个月——在意大利逗留数天后,9月回到阿尔及尔。

9月,获贝勒阿巴斯中学教员聘书——拒绝该职位。

退出共产党。

另外创立"团队剧场",延续"劳动剧场"的精神。

1938

帕斯卡尔·皮亚至阿尔及尔创《阿尔及尔共和报》。加缪入该报开始记者生涯。先后在报社里担任过各式各样的职务,从社会新闻版的编辑到写社论和书评。他尤其花很多时间在大宗司法案件和专题报道上(《卡比利亚的惨状》)——后被收入《时事集》卷三中)。

1939

活跃于"团队剧场"。

9月——申请入伍——复审的时候被拒。

《阿尔及尔共和报》改版为《共和晚报》——时常遭到查禁。

1940

《阿尔及尔共和报》停刊。

春天,加缪在巴黎与皮亚会合。皮亚介绍他到《巴黎晚报》担任编辑助理(因为他不想再跑第一线,只愿意做技术性的工作)。

6月,随报社撤退到克莱蒙费朗、波尔多和里昂。

12月,第二次婚姻。

1941

1月回到奥兰——在一家私立学校教书——时常在奥兰与阿尔及尔之间往返,试图重组"团队剧场"。

1935—1942年间作品一览

小说和散文

《快乐的死》,《加缪笔记》辑一,伽利玛出版社,1971年

《反与正》,夏洛(Charlot)出版社,1937年(写于1935—1936年)

《婚礼集》,夏洛出版社,1939年。1947年由伽利玛出版社再版(写于1936—1937年)

《牛头人身或奥兰之旅》,夏洛出版社,1950年,后收入散文

集《夏》(写于 1939—1940 年)

《局外人》,伽利玛出版社,1942 年(1940 年 5 月完成)

《西西弗斯神话》,伽利玛出版社,1942 年(完成于 1941 年 2 月)

剧本

《阿斯图里亚斯起义》,1935 年的集体创作,夏洛出版社,1936 年

《卡利古拉》,伽利玛出版社,1944 年(写于 1938 年)

大事记

1935—1939 年间在"劳动剧场"及其后的"团队剧场"所推出剧目

《蔑视的时代》(*LE TEMPS DU MEPRIS*) 安德烈·马尔罗(加缪改编)

《坚韧号》(*LE PAQUEBOT TENACITY*) 夏尔·维尔德拉克(Ch. Vildrac)

《浪子回头》(*LE RETOUR DE L'ENFANT PRODIGUE*) 安德烈·纪德

《沉默的女人》(*LA FEMME SILENCIEUSE*) 本·琼森

《普罗米修斯》(*LE PROMETHEE*) 埃斯库罗斯

《卡拉马佐夫兄弟》(*LES FRERES KARAMAZOV*) 陀思妥耶夫斯基

《唐璜》(*DON JUAN*) 普希金

《低下层》(*LES BAS-FONDS*) 高尔基

《赛莱斯蒂娜》(*LA CELESTINE*) 费尔南多·德·罗哈斯

《西方男儿》(*LE BALADIN DU MONDE OCCIDENTAL*) 约翰·米林顿·辛格

目　次

第一本　1935—1937　　　　　　　　1
第二本　1937—1939　　　　　　　　69
第三本　1939—1942　　　　　　　　143

加缪作品表　　　　　　　　　　　245

第一本
1935—1937

第一本　1935—1937

1935 年 5 月

我要说的是：

人们可能会——非关浪漫地——对失去的穷困有一种乡愁。那种一贫如洗的生活过得够久的话，就会培养出某种敏锐度。在这种特殊情况下，儿子对母亲所抱持的那份奇怪情感，就成了他整个敏锐度[1]的来源。这种会在各个最不相干的领域里展现出来的敏锐度，可以通过那些潜伏的记忆，亦即构成他童年的材质（一种紧紧粘在灵魂上的黏胶），而获得充分的解释。

由此，心里明白的人会心存感激，并感到良心不安。同时，通过比较——如果他的环境已经有所转换，会有一种不再富有的感觉。对有钱人来说，天空——而且还是免费的——好像是个理所当然的赠品。穷人才晓得去感激它那浩瀚无垠的恩慈。

良心不安，就必须告白。作品是一种告白，我需要做出见证。我只想好好地叙述、探讨一件事。亦即在那贫困的岁月里，在那些或卑微或虚荣的人们当中，我曾经最真切地触及我所认为的生命真谛。这个光靠艺术创作是不够的。艺术对我而言不是全部。但至少是个手段。

---

[1] 这段关于母亲主题（见《局外人》《误会》《鼠疫》）的笔记，可能是《反与正》一书中一篇题为《若有若无之间》的散文初稿。——原编注

此外，面对另外那个世界（有钱人的）而感到自惭形秽、软弱无能和不知不觉流露出来的钦佩景仰，也是重点。我想穷人世界是一种很罕见，甚至是唯一会把自己闭锁起来的世界，仿佛社会中的一座孤岛。在这座岛上演鲁滨孙，不需要花什么力气。非常入戏的人，连提到咫尺外某某医生的公寓时，都要说那是"那一边"。

这些全部都要通过母亲和儿子两个角色来表达。

原则上是这样。

要细论的话，就复杂了：

（一）背景。街区及其居民。

（二）母亲及其事迹。

（三）母子关系。

如何收尾。母亲？末章儿子在乡愁中体认到了母亲的象征价值？？？

                  ◊◊

让·格勒尼埃[1]：我们总是瞧不起自己。而贫、病和孤独：

---

[1] 让·格勒尼埃（Jean Grenier）：曾经是加缪的哲学老师，对加缪的影响深远。这对师生之间的情谊，我们可以从两人在各自著作里（加缪在《反与正》和散文集《婚礼集》中的一篇文章《沙漠》；让·格勒尼埃在《岛屿》的最新版中）对彼此的题献，略窥一二。——原编注

第一本　1935—1937

我们意识到了我们的永生。"我们总是必须被逼到走投无路。"

就是这样，丝毫不差。

〰

"经验"是个虚荣的字眼。经验不能实验。经验不是被激发出来的，我们只能去忍受它。与其说是经验，还不如称之为韧性；与其说我们能忍，还不如说我们在受罪。

然而很好用：一旦有了经验，虽然并非学者，但也算是个专家了。问题是什么专家？

〰

两个好姐妹，都病得很厉害。只不过一个是心理上的，还有可能好过来。另一个则是结核末期，只能等死。

一天下午，那个得肺结核的来到女友床前探视，听见她说：

"你知道，一直以来，甚至在我病情最告急的时候，我还是觉得自己可以活下去。但如今我实在看不到任何希望了。我想我已经虚弱到再也起不来了。"

另外一个听到她这么说，眼底闪过一抹残忍的喜色，一面拉起对方的手，"哦！那我们就可以一起上路了。"

同样这两个女人，一个大限不远的结核病患，一个就快痊愈了。为此她还前往法国，接受了一种全新的疗法。

另一个却怪起她来。表面上是在怪她弃她远行，事实上是见不得朋友好起来。之前她一度有种疯狂的期待，期待不用一个人死，而是拉着最亲爱的朋友一起走。她就要孤孤单单地死去了，而这样的意识在她的友爱中注入了一股可怕的恨意。

8月的雷雨天。热风和乌云。但东方却透出一抹晴蓝，轻盈而剔透。教人无法直视。这样的蓝，对眼睛和灵魂来说都是一种折磨。因为美会令人受不了。美让人万念俱灰，因为我们是多想要让这种刹那的永恒一直持续下去。

他在真诚中感到自在。极其难得。

做戏（la comédie）的概念也重要。将我们从最恶劣的痛苦中解放出来的，是这种觉得自己无助而孤单的感受，然而又不是真的孤单到让"其他人"不把我们"视为"受苦之人。这就是为什么当那种觉得自己实在孤苦伶仃的悲情萦绕不去时，反而是我们最快乐的时候。亦即何以幸福往往不过就是一种顾影自怜的感觉罢了。

第一本　1935—1937

穷人之不可思议处：上帝让这群人毫无指望却又从不反抗，就像他总是会把解药放在生病的人旁边那样。

⁓

年轻时，我会向众生索要他们能力范围之外的：友谊长存，热情不灭。

如今，我明白只能要求对方能力范围之内的：作伴就好，不用说话。而他们的情感、友谊和操守，在我眼中仍完全是一种奇迹，是恩惠的完全表现。

⁓

……他们都喝多了，想吃点东西。但那天晚上是除夕，客满了。人家不接待，他们硬要进去。最后店家只好赶人，身怀六甲的老板娘还被他们踢了好几脚。于是老板——一个瘦弱的金发青年——便取出他的枪，开了火。子弹射进了那男人右边的太阳穴。他头朝着受伤的那边一歪，倒地不起。一旁的朋友由于酒精作用，加上惊吓过度，竟绕着他的尸体跳起舞来。

整个事件就是这么简单，第二天上报后就会结束了。只是，在此当下，在这一区的这个僻静角落里，稀疏的灯光照在雨后泛着油光的路砖上，绵长而潮湿的轮胎痕迹，以及班次不多的电车经过时发出的声响和光亮，让整个场景看起来宛如另一个世界般令人不安：黏稠而挥之不去的景象，当暮色开始在这一带的街巷间播上幢幢阴影之时；或者说，当一个没有名字的孤影，曳着沉闷的脚步和模模糊糊的嘟囔，全身沐浴着血色的荣耀，偶尔从某个药局球灯红光下冒出来之际。

1936年1月

　　窗另一边的那个院子，我只能看到院墙。还有几簇上面淌着光的叶片。再上面，还是叶片。更上面，就是太阳了。至于室外空气中那股可想而知的欢欣鼓舞，那种在这世间到处散播的欢愉，我却只能从在白窗帘上嬉耍的叶影，以及那五束不厌其烦地为这屋子注入某种干草的金黄色气味的日光，领略一二。一阵微风拂过，窗帘上的树影再度热络起来了。一片云从太阳前面飘过又飘走，于是瓶中的那把金合欢，又从阴影中艳澄澄地跃了出来。这样就够了：这道初露的微光，让我沉浸在一种模模糊糊、令人为之晕眩的喜悦里。

　　身为洞穴之囚，我在此独自面对这世界的阴影[1]。1月的午后。空气仍有寒意。到处是薄薄一层、用指甲一掐就会裂开的

1　"洞穴之囚"出自一则柏拉图讲述的寓言，故事叙述一群被脚链铐起来，关在一个巨大的地下洞窟中的囚犯，因为背对着洞口，只能从投映在墙上的影子来认识外界的事物。——译注

第一本　1935—1937

阳光，但它也让所有的事物蒙上一抹像是永不凋谢的微笑。我是谁，而我又能干什么——除了和那些树影以及光线一起嬉戏。化身为这道被我的香烟烟雾所缭绕的阳光——这股温煦和这份在空气中默默吐纳的热情。如果循着这道光一直过去，我就能找到我自己。如果我试着去理解、去领略这股泄漏了天机的幽香，我就可以在这个宇宙的最深处找到我自己。我自己，亦即此一让我得以从表象世界解放出来的极度感动。再过一会儿，别的人和事物就又要将我掳走了。就让我在这块时光布上将这一分钟剪下来吧！好比有人会把花朵夹在书页当中一样。他们想把某次散步时受到爱情眷顾的记忆压在里面。我也是，我也在散步，但和我擦肩而过的却是个神。人生苦短，浪费时间是一种罪。我一整天都在浪费时间，却被说成很活跃。今天，是该歇一下，我的心就要去找到它自己。

如果我仍然觉得焦虑，那是因为感受到这个难以捉摸的刹那，正如水银珠般从我的指间滑落。那些要遁世的就让他们去吧！我既目睹了自己的诞生，便再没什么好抱怨的了。能够活在这个世上，让我感到很幸福，因为我的王国属于这个世界。飘过的云和苍白的刹那。我自己让我自己死了。书翻到心爱的那一页上。这一页今天在世界这本大书面前，看起来何其索然无味。我若曾经如何地受苦，我今天就如何地离苦。这苦甚至让我陶醉，因为它就是这光、这影、这热度，以及这个让人可以远远地感觉到的、就在空气深处的阴寒。我还需要去问有没有什么东西死了，或有没有人受苦吗？既然一切都已经写在这扇承蒙天地倾其所有的窗户上了。我可以说，我接下来一定会说，最重要的是保有人性和单纯。不，最重要的应该是真，那样就能涵盖一切了，包括人性和单纯。然而还有什么时候，我会比和世界合而为一之时更真、更剔透呢？

  可爱的沉寂时刻。听不到一点人语响，只有这个世界的天籁在回荡，而我，被链锁在这个洞穴深处，在开始渴望之前，我首先感受到的是心满意足。永恒就在那儿，而我，我期盼着它的到来。现在我可以发言了。我不晓得除了能够像这样自我一直面对着自我，我还能希冀什么更好的。我现在渴望的并非快乐，但求自己不要无知。人们总以为自己和这个世界是隔离的，但只需一株伫立在金色尘埃中的橄榄树，或晨曦下几片亮晶晶的沙滩，也许就能让我们察觉到内心的抗拒正在消解。我于是卸下了自己的心防。我意识到了哪些可能性只能由自己做主。生命中的每一分钟里都蕴藏了奇迹，都有一张永垂不朽的青春脸孔。

  人习惯用影像思考。如果你想成为哲学家，就去写小说。

第一本　1935—1937

∽

```
        荒谬                    清醒
          \                  /
           暴力和善之非理性互动
          /                  \
不为浮华富贵所动              信心坚定
          \                  /
```

神圣性：沉默、行动、社会主义之取得和实践

背景思想：英雄主义

第二部[1]

A：现在

B：过去

第一章之 A——临世之屋。概述。

第一章之 B——他记得。和露西安的交往。

第二章之 A——临世之屋。他的少年时光。

第二章之 B——露西安讲述过去的情史。

---

[1]《快乐的死》的写作蓝图。《快乐的死》是加缪的第一部小说，完成于 1937 年，但直到 1971 年加缪死后由伽利玛出版社出版，收录在《加缪笔记》辑一中。——原编注

第三章之 A——临世之屋。受邀。

第四章之 B——醋劲。萨尔茨堡。布拉格。

第四章之 A——临世之屋。阳光。

第五章之 B——逃走（信）。阿尔及尔。着凉，生病。

第五章之 A——临星之夜。凯瑟琳。

❧

帕提斯[1]的死刑犯故事："我看得到他，这个人。他就在我体内。他的每一句话都让我心痛。他是活生生的，跟着我一起呼吸。跟着我一起恐惧。"

"……还有另外那个想让他屈服的。我发现他也活着，也住在我的里面。我每天都会让传教士去见他，想让他软化下来。"

"我现在知道我会把这些都写下来。一棵树，历经那么多苦难，最后总要结出果子来。每个冬天的句点都是春暖花开。我需要留下见证。尽管这样的循环又会周而复始。"

"……我只想表达我对生命的热爱。但会用自己的方式讲出来……"

"别人写作，是基于迟发性的诱惑。他们人生中的每一个

---

[1] 帕提斯·默尔索（Patrice Meursault）是《快乐的死》的男主角。这个死刑犯的题材后来出现在《局外人》中。——原编注

失落,都可以是一部艺术作品,一个用他们生命中的谎言编织起来的谎言。至于我,从我笔下流露出来的将会是我的幸福快乐。即使这其中不乏残酷的成分。我需要写作就像我需要游泳,这是一种生理上的需求。"

第三部(完全使用现在式)

第一章——"凯瑟琳,"帕提斯说,"我现在知道我会把这些都写下来。死刑犯的故事。我终于发挥了自己的真正用处,那就是写作。"

第二章——从临世之屋下来到港口,等等。死和阳光的况味。生之爱。

⁓⁓

六个故事:

手法高明的故事。富贵。

贫民窟的故事。母亲去世。

临世之屋的故事。

吃醋的故事。

死刑犯的故事。

走向阳光的故事。

༄༅

在巴利阿里群岛：去年夏天

旅行所必须付出的代价，就是恐惧。就是在某个特定的时刻，由于和自己的家乡、语言距离得那么遥远（法文报纸成了无价之宝，还有那些泡在咖啡馆里的夜晚，和人的接触即使只限于手肘的碰撞也好），我们会被一种模糊的恐惧攫住，会本能地渴望能够再度受到积习的庇护。这就是旅行最明显的收获。这样的时刻，我们就像在发热，却又似海绵一般。最细微的碰撞，都能让我们的存在根本产生动摇。连一道光瀑的泄下，都可以从中看到永恒。这就是为什么我们不能说旅行是一种乐趣。旅行并不能带来任何乐趣。我在旅行中看到的不如说是一种苦修。一个人之所以会踏上旅途，是为了自我养成，如果所谓的养成即是去锻炼我们那最内在的、对永恒的感受。乐趣会让我们迷失自我，就像帕斯卡尔认为消遣（divertissement）唯有令人和上帝更加疏远。旅行，好比一门最庞大也是最沉重的学问，让我们得以踏上归途。

༄༅

巴利阿里群岛。

港湾。

第一本　1935—1937

圣方济各——修道院。

贝尔维尔。

富人区（影子和老妇）。

穷人区（窗户）。

大教堂（低俗品味和旷世杰作）。

嘈杂的咖啡馆。

米拉玛尔海岸。

巴尔德莫萨与阳台。

索列尔与正午。

圣安东尼奥（修道院）。费拉尼奇。

波连萨：市区。修道院。旅社。

伊维萨：港湾。

拉丕纳（La Peña）：防御工事。

圣厄拉利亚（San Eulalia）：海滩。节庆。

面对港口的咖啡馆。

石墙和乡间的磨坊。

֍

1936年2月13日

人对他人的要求，总是多于对方所能给予的。假装自己一无所求是种虚荣。但这是多么大的错误和绝望。而我自己可能也是这样……

※

寻求接触。一切的接触。如果我想写人,如何能自外于景?如果我受到天空或光线的吸引,如何不去思念那些心中所爱的眼神和声音?人们总是会告诉我一段友谊的元素有哪些、一种感动的成分又是什么,但永远无法给我感动、给我友谊。

去看一个比较年长的朋友,想跟他倾诉。至少把心中的不快吐出来。可是他很赶。两人东拉西扯不着边际。时间过去了。我却觉得更加孤独、空虚。这个我试图建立起来的残障智慧,没想到朋友一句令我百思不解的无心之言,就能将它摧毁!"不要嘲笑,不必同情"[1]……于是我怀疑自己,也怀疑别人。

※

3月

云朵和阳光络绎不绝的一天。一种黄澄澄的寒冷。我应该要每天做笔记的。昨天那种透明的阳光是如此美好。整个湾区

---

[1] 原文是拉丁文 Non ridere, non lugere,出自斯宾诺莎的《政治论》,指研究人类政治行为时应有的科学态度。——译注

第一本 1935—1937

亮晃晃的——像一片湿润的唇。于是我工作了一整天。

※

标题之一：世界的希望。

※

让·格勒尼埃对共产主义的看法："整个问题就在于：要为了一个公平正义的理想而去认同一些愚行吗？"如果答案为肯定：很美。否定的话：很诚实。

在某种程度上，基督教也有同样的问题：信徒该全盘接受福音书彼此之间的矛盾和教会的暴行吗？信仰就是承认有挪亚方舟，就是为宗教法庭辩解或赞成他们对伽利略的判决吗？

但从另一方面，要如何在共产主义和对它的厌恶感之间取得协调？如果碰到那种最极端的，甚至已沦为荒谬而无益的共产主义，那我就一定要唾弃它了。至于宗教的话……

※

在赌注和英雄主义中彰显其真谛的死亡。

※

昨天。码头上有阳光，阿拉伯人的特技表演和明媚的港湾。

这地方好像正为我在此度过的最后一个冬天，而绽开，而大放异彩。这是个独一无二、闪烁着寒冷和阳光的冬天。蓝色的寒冷。

虽醉犹醒，一无所有却仍面带微笑——这是有气魄地接纳了那些希腊碑文时所感到的万念俱灰。我为什么还需要写作或创作，需要爱或受苦呢？我在人生中所失去的那些，基本上不再是最重要的了。一切都已无益。

面对这样的天空，以及那从天而降的光热，我觉得无论是感到绝望或喜悦，都没有正当的理由了。

~~

5月16日

散了很久的步。可以眺望大海的丘陵。阳光纤柔。灌木丛里有白色的野蔷薇。紫色花瓣、甜腻硕美的花。回程也是，充满了女性友人的温婉。年轻女孩们庄严而微笑的脸庞。微笑、玩笑和未来计划。大家都恪遵游戏规则。尽管不相信，但所有人都喜欢只看表面，并装出对它心悦诚服的样子。没有走调的音。我通过我的所作所为和世界产生联系，因为心怀感激而与人们产生联系[1]。从丘陵上可以看见前面那场雨遗下的雾气，

---

[1] 这一句后来用在《反与正》中，见该书第124页。——原编注

第一本　1935—1937

正在阳光的挤压下慢慢升起。即使走进这团棉絮里，穿过森林下山，仍能感受到太阳就在头顶上，以及这树影——浮现，奇迹般的一天。信心和友情，日光和白色房屋，几乎察觉不出来的差异。唉！我那纯洁无瑕的幸福已然迷失，它们再也无法像年轻女性的微笑，或某个知心友人的慧黠眼光，让我在向晚的忧郁里感到解放。

〰️

时间会过得这么快，是因为我们没办法在里面做什么记号。类似月亮是在天顶还是在地平线上之类的。这就是为什么那些青春岁月是如此地漫长，因为太丰盛，而年华老去时则光阴似箭，因为一切已成定局。譬如我就发现几乎不可能盯着一根指针在钟面上绕五分钟，而不会感到漫长和厌烦的。

〰️

3月

灰色的天。但光线还是渗了进来。刚下了几滴雨。远处的港湾已经变得模糊不清。几道光在晃动。幸福感以及那些感到幸福的人。他们只会得到他们应得的。

〰️

3月

我的喜悦没有尽头。

∽∽

Dolorem exprimit quia movit amorem.[1]

∽∽

3月

阿尔及尔上方的医院。一阵颇带劲的微风从山下吹上来，翻搅着青草与阳光。然而这如许温柔与金黄的运动，却在快抵达山顶前，在那些一排排紧挨着往山顶齐攻的黑柏脚下，戛然而止。令人赞叹之光从天而降。底下是光滑无痕的海面，正露着它的蓝色牙齿在微笑。我站在风里，头顶上的太阳只能晒到一边的脸庞。我凝视着这个独一无二的时刻流逝，不晓得该说什么。倒是有个疯子突然出现，还有他的看护。他腋下挟着一个盒子往前走，一脸严肃。

"您好，小姐（指我旁边的那位年轻女士）。先生，请容我自我介绍，我是昂波西诺（Ambrosino）先生。"

"我是加缪先生。"

---

[1] 原文为拉丁文，意思是："感到痛苦，是因为不再有爱。"——译注

第一本　1935—1937

"啊！我认识一个叫加慕的。在穆斯塔加奈姆开货运公司。搞不好你们是亲戚。"

"不可能。"

"那也没关系。请让我再打扰一下吧！我每天可以出来半个小时。但还得苦苦哀求这个看护，她才会同意陪我出来。您是这位小姐的家人吗？"

"是的，先生。"

"啊！那我现在跟您宣布，我们复活节的时候就要订婚了。我太太批准的。小姐，请接受这几朵花儿吧！还有这封信。这是给您的。来坐在我旁边。我只有半个小时。"

"我们得走了，昂波西诺先生。"

"是吗？那我什么时候才能再见到你们？"

"明天。"

"啊！因为我只有半个小时，所以我只是来演奏点音乐而已。"

然后我们就走了。一路上是天竺葵娇艳欲滴的鲜红色。那疯子从他的盒里取出一根上面直直地划了一道的芦苇，裂缝处用橡胶皮贴上。他就用这个吹出一支古怪的曲调，有热度的悲凉，"路上下着雨……"这音乐尾随着我们，经过那些天竺葵和漫山遍野的玛格丽特之前，经过这片海面或高深莫测的笑容之前。

我打开那封信，上面全是剪贴得很整齐、还用铅笔编号的广告词。

∽∾

M[1]——他每天晚上都会把这把枪放在桌上。工作做完,纸张也收拾好,他就会拿起枪,顶着自己的额头,或在太阳穴上磨蹭,让那铁的冰凉来冷却自己发热的双颊。他可以就这样待很久,任自己的指头在扳机上来回游移,玩那个保险钮开关,直到周遭的世界都静寂下来,然后,已经进入梦游状态的他,此刻整个人唯一能感受到的,只剩下这块冰冷垢污的、从中可以窜出死亡的铁。

人只要不把自己杀掉,就不能对人生多说什么。他醒过来了,满嘴苦涩的口水,舔着那根枪管,把自己的舌头伸进去,哑着嗓子,感到无限幸福美妙地一直重复:

"我的快乐无价。"

M——第二部。

祸不单行——他的勇气——人生就是由这些不幸组成的。他寄寓在这幅疾苦的画面中,每天生活的基调就是早出晚归,孤僻,不相信别人,愤世嫉俗。大家都以为他是个意志坚强的禁欲主义者。认真说起来,事情也不是没有好转的迹象。某

---

[1] 关于《快乐的死》的笔记。——原编注

第一本 1935—1937

日，发生一件微不足道的小事：他有个朋友漫不经心地跟他说话。结果那天他回家之后就自杀了。

⁂

3月31日

我觉得我渐渐走出来了。

女性们那温柔婉约的友谊。

⁂

人际的问题解决了。恢复平衡。十五天内我会把重点整理出来——我的书，要持续不断地写下去。我的工作，要好好计划，不要等到星期天以后再说。

经过这个颠簸而绝望的漫长人生阶段之后，一切都将重新来过。终于又出太阳了，我的身体也蠢蠢欲动。不要多说——要有自信。

⁂

4月

天气开始变热。闷热。山坡上什么虫都有。向晚时分，这城市上方的空气有一种奇异的品质。噪音往高处飘，然后气球似地消失在天空中。一动不动的树影和人影。露台上，闲聊等天黑的摩尔妇人。炒咖啡豆的香气也会往上飘。温柔而绝望的时刻。没有人可以拥抱,没有目标可以满怀感激地献身。

⁂

码头上的热浪——巨大,排山倒海而来,让人无法呼吸。沥青那种臃肿、会刮人喉咙的气味。灭绝和对死亡的渴望。真正的悲剧氛围。而不是黑夜,如一般所想象。

⁂

感官和世界——欲望混淆。当我抱住这个身躯的同时,得到的也是一种奇异的、从天顶向海面直落而下的快感。

⁂

阳光和死[1]。腿受伤的码头工。血滴,一滴又一滴,滴在码头滚烫的石头上。嗤嗤作响。在咖啡馆里,他对我谈起他的人生。别的顾客都走了,留下六个空杯子。在郊区的洋房。一个人,晚上才回家做晚餐。一条狗,一只公猫,一只母猫,六只小猫。母猫没有奶水。那些小猫一个个死了。每天晚上,一条硬邦邦的猫尸和一些异味。或说两种异味:尿骚和尸臭混在

---

[1] 关于《快乐的死》的笔记。——原编注

第一本　1935—1937

一起的气味。最后一晚（他两只胳臂往桌上一搁，再慢慢地打开，把那些杯子缓缓地往桌沿推）。最后一只猫也死了。不过该说是最后半只吧！因为被母猫吃去半边。清不完的垃圾。风绕着屋子呜咽。钢琴声，从很远的地方。他就坐在这堆灭绝和这场苦难中。突然间这整个人世的意义让他如鲠在喉（他的手还在继续往外拨，玻璃杯一个个往下掉）。他清了好几个小时，一股无法诉诸言语的巨大愤怒撼动着他，双手泡在猫尿里，想到还有晚餐要做。

全部的杯子都破了。他却笑了："不要担心，"他对老板说，"这些我都会赔你。"

◈

码头工的伤腿。角落上有个默默含笑的年轻男人。

◈

"这还没什么。让我觉得最痛苦的，是那些世俗之见。"——追着货车跑，速度，灰尘，杂沓。那些绞盘和机械狂乱的节奏，海平线上起舞的船桅和摇摇晃晃的船壳。货车。在路面铺得高低不平的码头上颠簸前行。一阵白粉笔灰似的尘埃扬起，烈日和鲜血，背景是有着奇幻氛围的偌大港口，两个年轻人正全速奔离，笑得上气不接下气，天旋地转。

5月

　　莫离群索居。活在光明里的人，不会有失败的人生。我一切的努力，无论在哪方面，无论面对什么样的不幸和幻灭，都是为了能够再和世界有所接触。甚至在我内心深处的忧郁里，也如此渴望着爱，也会只因为在晚风中看见一座山丘而感到如此陶然。

　　接触真，首先是大自然，然后是那些大自然知音者的艺术，以及我自己的艺术，如果我也算其中之一的话。即使不算，那光那水和那陶醉却也依然在眼前，而双唇仍因渴望而湿润。

　　虽无望却还是微笑。无路可出，但不断地，明知徒劳无功地想当主宰。重点是：不要迷失自我，也不要遗失自己沉睡在这世间的那部分。

5月

　　所有的涉猎＝自我崇拜？不。[1]

　　自我崇拜必然招致不求甚解或乐观主义。两种都毫无意义。不是在选择自己的生命，只是在延展它。

---

[1] 这里的省思后来发展成了《西西弗斯神话》中的某些段落。——原编注

第一本 1935—1937

注意：克尔凯郭尔，我们之所以会痛苦，是因为有比较。完全地投入。接着，以同样的力量来面对是与否。

༄༅

5月

阿尔及尔的黄昏，女人们是那么美丽。

༄༅

5月

到极限——然后超越：规则。不接受，是懦弱而无能。起而行，仿佛自己很赞同，很勇敢坚强的样子。意愿的问题＝把荒谬性发展到极致＝我就能够……

就所付出的努力而言，这是一场悲剧；从成效（无关紧要就是了）来看的话，却变得很可笑。

不过，要做到这点，不用浪费时间。在孤独中探索终极的经验。通过对自我的克服——要知道这也是荒谬的，来让这场游戏得到升华。[1]

印度智者和西方英雄终于讲和了。

---

[1] 这里的省思后来发展成了《西西弗斯神话》中的某些段落。最前面几行俨然已经透露出《堕落》中的苦涩。——原编注

"让我觉得最痛苦的，是那些世俗之见。"

这种终极经验一旦碰到示好的手，应该就会停下来。好再重新出发。示好的手是很罕见的。

᠊᠊᠊᠊᠊᠊᠊᠊

上帝——地中海：建设——毫不自然。

自然＝等同。

᠊᠊᠊᠊᠊᠊᠊᠊

防止旧瘾复发和意志不坚：努力——小心恶魔：文化——身体

意志——工作（哲）

但代价是：游说者——日复一日

我的作品（强烈情感）

极端经验

哲学作品：荒谬性。

文学作品：力量、爱和意味着征服的死亡。

以上两项，都要混合两种文体并维持特有的笔调。有天一定要写出一本有意义的书。

至于这样的压力：沉稳以对——蔑视比较。

第一本　1935—1937

࿇

一篇关于死和哲学的散文——马尔罗,印度。

一篇关于化学的散文。

࿇

5月

尽管生命是最强壮的——真理,但也是一切怯懦昏庸的源起。应该要公开地主张相反的思想。

࿇

那些大声嚷嚷的人:"我是个非道德主义者。"

翻译:我需要找到一种道德观。老实招了吧!傻子。我也是。

࿇

另外一个傻瓜:应该要简单,真实,不用文绉绉——接受并献身。但这正是我们努力要做到的。

如果我们很确定自己的无望,那就该像个有希望的人一样去行动——或自杀。受苦并不会带来权利。

࿇

知识分子？是的。而且永远都不要否定。知识分子＝有办法让自己一分为二的人。我喜欢这点。我很高兴自己能够两者兼具。"如果可以二合为一呢？"实践上的问题。应该要全心投入。"我瞧不起智识"其实意味着"我无法忍受自己有所怀疑"。

我宁愿一直睁大眼睛。

൦൞

11月

看希腊。精神和情感，对表情的追求是没落的证据。当微笑和眼神出现后，希腊雕刻就开始没落了。就好像16世纪那些"彩色画家"对意大利绘画产生的冲击一样。

无意之间变成伟大艺术家的希腊人之吊诡。那些令人赞叹的列柱阿波罗，因为没有表情。只是上了颜料之后就有表情了（很可惜）——但颜料会掉，杰作永存。

൦൞

民族的出现是分裂的警讯。神圣罗马帝国的宗教一统才刚打破：各民族分立。在东方，整体却一直延续下来。

国际主义想要让西方找回它的真谛和使命。但源头不再是基督教，而是古希腊。今天的人文主义：仍然主张东西方之间存在着鸿沟（例如马尔罗）。但它能释放出一种力量。

第一本　1935—1937

～

新教。些微差异。理论上，可敬的态度：路德，克尔凯郭尔。但实践上呢？

～

1月

卡利古拉或死亡的意义。共四幕[1]。

一、（A）政绩。喜悦。道德论调[2]

（B）镜子。

二、（A）众姊妹以及德鲁西拉

（B）鄙视伟大。

（C）德鲁西拉之死。卡利古拉出走。

三、剧终：卡利古拉掀开布幕对观众说：

"不，卡利古拉没有死。他在这里，还有那里。他在你们每个人的心里。如果给你们权力，如果你们还有点热情，如果你们还爱着生命，你们就会看到他发狂，这个藏在你们每个人内心的怪兽或天使。我们这个时代深受其害的，是对那些价值的

---

[1] 《卡利古拉》的最初构想：第一份提到结局的草稿。——原编注
[2] 见苏维托尼乌斯，1—2世纪间的罗马帝国史学家，著有《罗马十二帝王传》。——译注

信仰，并以为一切都是美好的，都不再荒谬。永别了，我要回到历史里，我在里面已经被关了那么久，被那些害怕爱得太多的人。"

❦

1月

习作：临世之屋[1]。

——在这一带，我们都叫它"三学生之屋"。

——当你从里面出来，是因为你想把自己关起来。

——临世之屋不是一间让人觉得好玩的房子，而是一间让人快乐的房子。

❦

——"这里不只有年轻的小姐。"M说，X当着他的面讲了难听的话。

爱之于M：

——"您已经到了那种乐于将别人的小孩视为己出的年纪。"

——"他要一直到听说了爱因斯坦的相对论，才有办法做爱。"

——"上帝让我免了这回事。"M说。

---

[1] 临世之屋是《快乐的死》中的一章。——原编注

第一本　1935—1937

༺༻

每次上去就是再一次将它征服，到那儿去的路是那么陡峭。

༺༻

2月

文明并不在于精致化程度高低。而是在于某种一整个民族共有的意识。而这样的意识，向来就跟精致化无关。它甚至是不会转弯的。把文明看成某个精英阶级的作品，就是把它跟完全是另外一回事的文化搞混了。有所谓的地中海文化。但也有地中海文明。另一方面，也不要把文明和人民混为一谈。

༺༻

巡回演出（剧场）

在大白天里如此严厉暴躁的奥兰尼[1]，清晨时也会有温婉脆弱的一面：波光潋滟、两岸长着夹竹桃的枯水河，妆彩几乎是恰如其分的东方天空，披着玫瑰色流苏的紫色山脉。一切都在宣示着光明的一日。但含蓄而轻巧地，让人同时也感受到这一切就快结束了。

---

[1] 奥兰尼（Oranie）：阿尔及利亚东北部的一个大区。——译注

1937年4月

　　奇怪。没办法一个人,也没办法不要这样。但这两种状况我们都可以接受。两种都有益。

　　最危险的诱惑:什么都不像。

　　市中心[1]:人总有和自我分离的时候。一条幽暗黏稠的小巷中,哔哔剥剥响着微弱的炭火。

　　疯狂——背景是美好的早晨——阳光、蓝天和白骨。音乐。窗格子上有一根手指。

　　非赢不可的心态,表示这人的精神层次很低下。

---

[1] 市中心(Kasbah):原指北非地区的碉堡,衍生出"市中心"的意思,另在俚语中有"屋子"的意思。——译注

第一本　1935—1937

❧

故事——不想为自我辩解的男人。他比较喜欢人家对他的看法。一直到死,他的真面目只有自己知道——这样的安慰是虚有其表。[1]

❧

4月

女人——相信自己的看法更胜于自己的感受。

——关于废墟的一文[2]:

燥热的风——如一棵萨赫勒[3]的橄榄树般光秃秃的老人。

(一)关于废墟——废墟中的风或阳光下的死亡

(二)重提《灵魂之死》[4]——预感。

(三)临世之屋。

(四)小说创作。

(五)关于马尔罗的散文。

(六)主题。

1　《局外人》的主旨。——原编注
2　为《婚礼集》中《贾米拉的风》一文所做的笔记。——原编注
3　萨赫勒(Sahel):阿尔及尔西边的一条海岸山脉。——译注
4　《灵魂之死》(*La Mort dans l'âme*)是《反与正》一书中的第三篇散文。加缪曾经试着在《快乐的死》中重新使用。——原编注

༺༻

在一个陌生国度里，山坡上的屋子映着金黄色的阳光。同样的景象，在自己的国家里，给人的感受就没有这么强烈。这不是一样的阳光。我清楚得很我，这不是一样的阳光。

༺༻

向晚，港湾里有一股这个世间的温柔——这个世界，有些日子它会骗人，有些日子却只说真话。它说的是真话，今晚——而且是那么地坚持，美得那么哀愁。

༺༻

5 月

一种枝节心理学的谬误。人会寻找自我、分析自我。为了认识自己、肯定自己。心理学是一种行动——而非对自我的反省。人们终其一生都在界定自我。完全了解自己，就是死。

༺༻

（一）先爱而去的动人诗篇。

（二）仍然错过自己的死亡的人。

（三）年轻时，我们对某地景的依恋会胜过于对某人。

第一本　1935—1937

因为前者可以任人诠释。

❦

5月

《反与正》的前言草稿。

这些发表在这本集子里的散文,有很多是不成形的。这并非为了贪图方便而蔑视形式,只是欠缺成熟度。对那些能够照见真章的读者,这些文章仍在习作的阶段,而我唯一有求于他们的,是关注它们日后的进展。从第一到最后一页,也许我们还是隐约可以感受到某种一以贯之的观点,设若我并不觉得自我辩解是在白费工夫,而且也不晓得刻板印象通常比一个人的真面目更能取信于人,我甚至想宣称此一观点让这些文章有了合法性。

❦

书写,就是不问世事。某种程度上的隐居在艺术里。重写。努力总会带来收获,无论是什么样的。那些无法成功的人,是懒惰的关系。

❦

路德:"对赦免的坚信比值得获得赦免还重要千百倍。这样的信仰会让你们有自尊，并带来真正的满足。"

（1519年在莱比锡宣扬"因信称义"的讲词）

⁂

6月

死刑犯，每天都会有个神父来看他。因为那管被割开的喉咙，膝盖要弯下去，嘴巴要叫出个什么名堂来，并且身体高速地朝着地心坠落，以便自己可以藏身在一连串的"上帝啊，上帝啊！"里。

然而每一次，这人都拒绝了，他不想要这种投机取巧，他宁愿咀嚼自己的恐惧。他一言不发地死了，眼里充满泪水。[1]

⁂

什么样的哲学家讲出什么样的哲学。人愈伟大，哲学就愈真。

⁂

文明对文化

帝国主义是纯粹的文明。参见：塞西尔·罗兹。《扩张即一

---

[1] 这里我们看到的实为《局外人》最后几个场景之一的草稿。——原编注

第一本 1935—1937

切》——各文明像一个个小岛——文明是文化必然的结果(参见:斯宾格勒)[1]。

文化:人类面对宿命的呐喊。

文明及其没落:人类对财富的欲念。盲目。

据一个关于地中海的政治理论。

"我言我所知。"

༄༅

(一)经济上的显然(马克思主义)

(二)精神上的显然(圣日耳曼罗马帝国)

༄༅

疾苦世间的悲壮奋斗。追求长生不死之徒劳无益。是的,我们感兴趣的是我们的宿命。而非什么"之后"、"之前"。

༄༅

地狱的抚慰力量。

---

[1] 奥斯瓦尔德·斯宾格勒(1880—1936):德国历史学家,最有名的作品即《西方的没落》。——译注

（一）一方面，无止尽地受苦对我们来说是没有意义的——我们在想象里得到喘息。

（二）我们对永恒这个词是没有办法领会的。可说根本无从说起。除非是在所谓的"永恒之刹那"的那种意义上。

（三）地狱，就是活在这副臭皮囊里——但总比被消灭殆尽来得好。

৵৵

合乎逻辑的规则：殊异者具有普世价值。

——不合逻辑：悲剧是自我矛盾的。

——实用：一个在某方面很聪明的人，可能在别的方面上是个笨蛋。

৵৵

因为不诚恳而深沉。

৵৵

马塞尔眼里的那个小女人（La petite）。"她丈夫不会这个。有天她跟我说：'跟我老公，从来没有这样过。'"

৵৵

第一本　1935—1937

马塞尔眼中的沙勒罗瓦[1]之役。

"我们这些佐阿夫[2]，人家就叫我们这样装备成机枪手[3]。指挥官下令：'上膛'。然后我们就下去了，那里好像一个斜谷，长着树。上头说要上膛。我们前面半个人影也没有。所以我们就这样一直前进。没想到怎么突然就有机关枪开始对我们扫过来。我们就一个个全倒下去了。死的伤的，多到谷底的血都可以让我们在上面划船了。还有人在大叫'妈妈'，真的好恐怖。"

～

"哇！马塞尔，你这些奖牌是去哪里弄来的？"

"去哪里弄这些？去打仗来的，我说。"

"打仗怎么弄？"

"我说，你是要我给你看那些上头写了字的证书吗？你要我教你念吗？不然你觉得是哪里来的？"

有人把那些"证书"拿了进来。

这是给马塞尔所属的那一整个军团的"证书"。

～

1　沙勒罗瓦（Charleroi）是比利时法语区大城，一战时德、法两军曾在此交锋，法军败走，死伤惨重。——译注
2　佐阿夫（zouaves）：1831—1962 年北非法属殖民地的法国步兵团，兵源主要是法国裔。——译注
3　旧法属殖民地步兵团中的土著士兵。——译注

马塞尔。我们这些，我们不是有钱人，却很能吃。你看我那个孙子，比他爸爸还会吃。他爸爸要吃半公斤的面包，他就得来上一公斤。还有辣肉肠、油炸腌鱼，都不会节制的。有时候吃完了，"呼呼"喘上两口，再继续吃。

❧

7月

玛德莱娜[1]的景色。会让人渴望贫穷的美丽。我已如此远离我的狂热——除了爱之外，没什么可引以为傲的了。要把盘踞在我心头的说出来，赶快说出来。

❧

"毫无关联。"真正的小说。那种会用一辈子去捍卫某种信仰的人。他的母亲过世。他什么都不要了。但他所信仰的真理依然没有改变。毫无关联，就是这样。

❧

水上飞机：闪烁在海湾上和蓝天下的金属荣光。

---

[1] 玛德莱娜（Madeleine）：阿尔及尔的边缘城区，位于艾尔-比亚（El-Biar）的附近。——原编注

第一本　1935—1937

❦

松树，花粉的黄和叶子的青。

❦

基督教和纪德一样，要求人克制自己的欲望。只是纪德能从中看到某种别的乐趣。至于基督教，只会认为这是一种苦修。就这层意义上，基督教比身为知识分子的纪德来得"自然"。但和一般人比起来，还是显得矫情，因为一般人知道饮泉止渴，而且欲望总是以厌倦收场（一种"对厌倦的颂扬"）[1]。

❦

布拉格。逃离自我[2]。

"我要一个房间。"

"没问题。住一晚吗？"

"不。我还不晓得。"

"我们有 18、25 和 30 克朗的房间。"

（没有回答）

1　这里的省思后来发展成《婚礼集》中对纪德和对欲望的评语。——原编注
2　这原本是《灵魂之死》中的一段，重新被用在《快乐的死》一书中。——原编注

"您要哪一间,先生?"

"随便(看窗外)。"

"服务生,把这些行李提到 12 号房间去。"

(醒过来)

"这间多少钱?"

"30 克朗。"

"太贵了。我要 18 克朗那间。"

"服务生,34 号房。"

⁓

(一)在那列载着他奔向"……"的火车上,X 凝视着他的双手。

(二)那人总是在那儿。不过是巧合。

⁓

里昂。

福拉尔贝格市场(Vorarlberg-Halle)。

库帕斯坦[1]——小教堂和雨中因河畔的田园。扎了根的

---

[1] 法文原书作 Kupstein,疑是库夫斯坦(Kufstein)之误排。库夫斯坦是奥地利因河畔的大城。——译注

第一本　1935—1937

孤独。

萨尔茨堡——伊德曼（Idermann）。圣彼得墓园。米拉贝尔花园及其珍贵的成就。雨丝——福禄考——湖和山——走在原上。

林茨——多瑙河及工人聚居的郊区。医生。

布特维斯（Butweiss）——郊区。哥特式小修道院。孤独。

布拉格——前四天。巴洛克式修道院。犹太墓园。巴洛克式教堂。到餐厅。饿。没有钱。死亡。泡醋的黄瓜。独臂人把他的手风琴压在屁股下。

德累斯顿——绘画。

包岑——哥特式墓园。天竺葵以及砖拱下的阳光。

布雷斯劳——毛毛雨。教堂和工厂烟囱。对他而言尤其悲凉。

西里西亚平原——沙丘——油腻的清晨里飞翔在黏腻的大地上的鸟群。

奥尔米茨——柔缓的摩拉维亚平原[1]。酸涩的李树和动人的远方景物。

布尔诺——穷人区。

维也纳——文明——层出不穷的奢华和护城花园。藏在这匹丝缎褶缝里的深深绝望。

---

[1] 捷克东部的地区名。——译注

意大利。

教堂——对它们的特殊情感：见萨尔托[1]

绘画：沉重而凝固的世界。信心，等等。

注意事项：意大利绘画及其没落。

༄༅

面临入党与否的知识分子（片段）。

༄༅

7月

对女人来说，一个不爱她却可以对她很温柔的男人，是无法忍受的。

对那男人而言，这是一种苦涩的甜蜜。

༄༅

一对夫妇：那男人想在第三者面前炫耀。女人马上说："可是你也一样……"然后试着贬抑他，让他无法摆脱自己的

---

[1] 见安德烈亚·德尔·萨尔托（Andrea del Sarto，1486—1530）：意大利画家。——译注

平庸。

❧

火车上：一个母亲和她的小孩。

"不要吸你的指头，脏。"或"你再这样，等下有你好看的。"

同上。夫妇；女人在挤满乘客的车厢内站起来。

"给我。"她说。

丈夫从口袋里搜出她需要的证件。

❧

1937年7月

关于赌徒的小说。[1]

见《群英会》[2]：洋溢的节奏。游戏规则。奢华的灵魂。冒险家。

❧

---

[1] 加缪在《卡利古拉》的手稿上曾以《赌徒》为副标题。——原编注
[2] *Les Pléiades*，戈比诺（Gobineau）的小说。——原编注

1937年7月——玩家。

革命、荣耀、爱和死。这些对我有什么用，如果代价是我内心那个，如此深沉又如此真实的东西？

"然后呢？"

"如此沉重的泪流，"他说，"就是让我对死这么感兴趣的原因。"

✦

1937年7月

冒险家。深深觉得艺术再也没有什么搞头了。不可能有任何伟大或创新了——至少在这个西方文化里。剩下的只有行动。但灵魂高尚者，在采取这个行动时，没有不感到绝望的。

✦

7月

如果苦修是出于自愿的，我们可以六个礼拜不吃东西（饮水足矣）。如果出于被迫（饥荒），不能超过十天。

真实能量之所在。

✦

西藏瑜伽修行者的呼吸法。应该把我们的实证方法论应用

第一本　1935—1937

到这么重要的经验上。获取某些令人无法相信的"启示"。我欣赏的是：即使在狂喜状态下他仍保持神志清醒。

∽

街上的女人。我们体内那头欲焰高涨的野兽，就盘踞在腰臀之间，正以一种狂野的温柔在搔弄着。

∽

8月

在巴黎的路上：一股在太阳穴上鼓噪的热度，特有的慵懒以及突然涌现的人群。和自己的身体奋战。我坐在长椅上，在风中，空虚从内心泛上来，不断地想着曼斯菲尔德[1]，想着那不愠不火、长期和病痛对抗的苦战。除了孤单和接受治疗的决心，在阿尔卑斯山上等着我的，还有对我这病的意识。

∽

坚持到底，这不仅是抵抗，也是一种任性。我需要感受到自己的身体，一旦我觉得没有办法了解它。有时候我也需要写

---

[1] 凯瑟琳·曼斯菲尔德（1888—1923）：新西兰小说家，因患肺结核而早逝。——译注

下一些自己也不太明白、但却正好可以证明我有个无法羁束的内在的东西。

∽

8月

巴黎的温柔和热情。猫，小孩，懒散的巴黎人。各式各样的灰，天空，一场由石头和水流组成的盛大游行。

∽

阿尔勒

∽

1937年8月

他每天都到山上去，又默默地回来，头发上都是草，身上都是一整天下来的刮痕。每一次都是无须勾引就被诱惑了。对这个不友善的地方，他内心的抗拒逐渐在减弱。他终于可以想象自己是棱线上那株孤杉背后的朵朵白云，是那漫山遍野、有着粉红斑点的柳叶菜、花楸和风铃草。他让自己融入了这个嶙峋的芬芳国度里。登上遥不可及的山巅时，眼前豁然一片无际的风光，但他内心初生的爱意并未因此获得舒缓，而是暗自和这个不仁的天地订立某种约定，两张刚强倨傲的脸庞之间的停

第一本　1935—1937

战协议，像敌人在互相威吓，而非朋友间的全然信赖。

〜

萨伏依的温婉。

〜

1937年8月

一个男人，在人们通常视为人生大事的地方（婚姻、社会地位等等）寻找人生，然后某天在翻阅一本时装目录的时候，突然了解到他对自己人生亦即时装目录上鼓吹的那种人生是何其无所谓。[1]

第一部——他在此之前的人生。

第二部——赌注。

第三部——不再妥协以及大自然中的真理。

〜

1937年8月

最后一章？巴黎马赛。南下地中海。

他走进水里，把外面世界留在他皮肤上的那些张牙舞爪的

---

[1] 根据加缪本人的说法，他在这里第一次有意识地写下了《局外人》主旨。——原编注

黑色图案洗掉。在肌肉的伸缩中，他突然又闻到自己皮肤的味道。也许他从未觉得自己和世界这么契合过，他的行进路线和日光同步。在这个溢满繁星的夜里，他伸出手在夜空静谧无边的脸上比画着。他一只胳臂一挥，就把这颗明星和另外那颗时隐时现的星星分开来了，一束束的星辰和一朵朵的云，就随着他的挥洒散落下来。于是天上有一池被他搅乱的水，而围绕着他的那座城市，宛如一顶缀满贝壳的华丽斗篷。

༄༅

两个人物。其中一个自杀？

༄༅

1937 年 8 月

赌徒。

——这个很难，非常难。但这并不是个理由。

——当然，凯瑟琳说，对着日头抬起眼睛。

༄༅

赌徒。

某夫人，从另一方面看也是个不折不扣的老娼妓，有着漂亮的音乐天赋。

第一本　1935—1937

可以用来写小说。

第一部：巡回公演。电影院。伟大的爱情故事（圣尚塔尔中学〔Collège Saint-Chantal〕）。

❧

1937 年 8 月

分章大纲。和赌注结合在一起的人生[1]。

第一部

A——逃避自我。

B——M 以及贫穷（完全用现在式）。A 组的分章主要在描写他的赌徒性格。B 组的话，主要是母亲生前直到去世的故事（玛格丽特之死——做过的各种工作：中介、汽车零件、省政府等等。）

最后一章：迎向阳光和死亡（自杀——自然死亡）。

第二部

倒过来。A 用现在式：再度感到喜悦。临世之屋。和凯瑟琳交往。

B 用过去式。沉迷赌博。醋劲大发。逃亡。

---

1 《快乐的死》的分章大纲，M 指的书中主角是默尔索（Mersault）。——原编注

第三部
全用现在式。爱情和阳光。不,那男孩说。

༄

1937 年 8 月

　　已经好几年了,我每次听到一种政治言论,或读到那些上位者发表的文章,都会觉得很恐怖,因为那些声音听起来都不像人类发出来的。一成不变句子,讲着一成不变的谎言。而且大家都已经见怪不怪了,人民的愤怒尚无法将那些傀儡扯下来,由此可见一般人根本不关心谁来统治他们,他们就是要赌,没错,就是要赌看看,拿他们一部分的人生和所谓的基本权益做赌注。

༄

第一本的 A2 或 A5

　　让我痛心的,是一般人对性灵高低的重视程度。您觉得忧郁,不可能再过两个人的生活。因为如果您有一颗高贵的心灵,就无法忍受那些各式各样的问题。这时这个大概就可跟有没有胃口或想要干什么一样重要了……

第一本　1935—1937

∽

1937年8月

大纲。三部分。

第一部：A 用现在式。

　　　　　B 用过去式。

A1 章——从外界的眼光来看默尔索先生的一天。

B1 章——巴黎的贫民区。马肉店。帕提斯和他的家人。哑巴。祖母。

A2 章——谈话和矛盾。屋顶层。电影院。

B2 章——帕提斯的病。医生。"这个尽头要来了……"

A3 章——一个月的巡回公演。

B3 章——不同的职业（中介、汽车零件、省政府）。

A4 章——伟大的爱情故事

"您从来没有过这样的感觉？""有的，夫人，当我和您在一起的时候。"左轮枪主题。

B4 章——母亲之死。

A5 章——遇见雷蒙德

∽

或者：

壹　A——争风吃醋。

　　B——穷人区——母亲。

贰　A——临世之屋——星星。

　　B——旺盛的生命。

叁　逃亡——他不爱的凯瑟琳。

იი

删减并浓缩。导致出走的争风吃醋的始末。重回人生。

"他跑那么远去学到的教训，没错，它还是很有价值，但唯有在被带回光明的国度之后。"

იი

抵达布拉格——直到出发之际——生病。

解释——露西尔——逃亡。

იი

8月

西班牙哲学家的缺席。

იი

第一本　1935—1937

小说：那男人了解到要活下去，就得有钱，他把全部的精力都投注在追求金钱上，也成功了，从此幸福快乐地活着和死掉。[1]

9月

这个8月就像一副铰链——在大大地喘了一口气之后，以一股疯狂的力量全然地疯狂。普罗旺斯和我内心某些闭合起来的东西。小鸟依人的普罗旺斯。

必须去活，去创作。活到流下眼泪——譬如在这幢盖在长着丝柏的山坡上，有着圆形屋瓦和蓝色窗板的房子之前。

～～

蒙泰朗[2]：我就是那种会出事的人。

～～

人在马赛，幸福和悲哀——在我心的最深处。我喜爱的繁华都市。但同时这孤独的苦味。

～～

---

[1] 《快乐的死》的注解。——原编注
[2] 蒙泰朗（Montherlant，1896—1972）：法国著名剧作家。——译注

9月8日

马赛，旅馆房间。灰色壁毯上的大黄花。污垢地图。硕大无朋的暖炉后面油黑黏腻的死角。木条床和坏掉的电灯开关……某种让人觉得不可靠、很可疑的自由。

࿇

M 9月8日

灿烂宣泄的阳光。摩纳哥的夹竹桃和繁花遍地的热那亚。利古里亚海岸线上的蓝色夜晚。我的疲倦和这股想哭的冲动。这种孤单和这份想要爱的渴望。最后是比萨，它那充满生气的肃穆，那些绿色和黄色的宫殿、大教堂以及沿着拘谨的阿诺河畔展开的优雅风韵，那种拒绝敞开心扉的高贵情操。一个腼腆而敏感的城市。夜里，在无人的街道上，它和我靠得这么近，我在街上漫游，想要流出来的眼泪终于决堤了。我内心那道伤口也开始在愈合了。

࿇

在比萨的墙上："Alberto fa l'amore con la mia sorella."（亚贝托睡了我妹妹）[1]

---

1 这一条笔记后来用在1950年版的《婚礼集》第84页。——原编注

第一本　1935—1937

༄

9 日星期四

比萨和它那些躺在大教堂前的市民。康波圣托[1]中的笔直线条，还有栽植在四个角落上的柏树。我们可以理解那些 15、16 世纪时候的争端。这里的每一个城市都有着各自的面貌及信奉的真理。

阿诺河畔，除了我踽踽独行的脚步声外，别无生迹。同样的孤寂，也在前往佛罗伦萨的火车上令我悸动不已。那些如此凝重的女人脸孔，突然被一阵笑声给卷了去。其中那个鼻子长长、唇形看起来很高傲的太太，笑得特别开心。在比萨大教堂广场前的草坪上徜徉，一连数小时。我喝了喷泉的水，微温，但如此流畅。在前往佛罗伦萨的路上，我细细地端详了那些面孔、饮了那些笑容。我究竟是幸或不幸？这问题一点都不重要了。我只觉得内心热情澎湃。

某些事物、某些生命正在等着我，而我当然也在期待着，用我所有的力量和悲情渴望着。只不过此时此地，我竟是借着沉默和低调来养活自己的。[2]

1　康波圣托（Campo Santo），比萨城的旧公墓，在比萨大教堂的旁边。——译注
2　这一段关于比萨和佛罗伦萨的旅行笔记，后来都成散文集《婚礼集》的最后一篇《沙漠》一文的素材。——原编注

毋须谈论自己的奇迹。

～

哥佐利[1]画的旧约壁画（当代服饰）。

～

乔托[2]在圣十字教堂中所作的壁画。热爱大自然和生命的圣方济各，那种发自内心微笑，是知道何谓幸福者方能有的表情。温和柔媚的光，照在佛罗伦萨城上。天空低垂，眼见着就要下雨了。乔托画的"基督入殓图"中，圣母玛利亚脸上那咬紧牙根的苦痛。

～

佛罗伦萨。每一间教堂的角落上，都会有卖花的摊子。那些花，丰满，明艳，淌着水珠，单纯。

～

---

1 哥佐利（Gossoli，1421—1497）：意大利文艺复兴时期画家，曾为比萨的康波圣托制作以圣经旧约故事为主题的大型壁画。——译注
2 乔托（Giotto，1267—1337）：意大利画家。——译注

第一本 1935—1937

乔托大展[1]

过了好久，我才发现佛罗伦萨画派原始期画家笔下的那些脸孔，其实跟我们现在每天会在街上碰见的一模一样。因为我们已经不再习惯去看一张脸的本质。我们对同时代的人视而不见，只会去记住那些能够帮助我们定位的（无论东西南北）。原始期的画家不扭曲，他们只"实践"。

在圣母领报大教堂的墓院里，灰蒙蒙的天空中都是云，整栋建筑有一股肃穆，却没有任何死亡的意味。那儿有些墓志铭和还愿牌：这一个曾是慈父和忠实丈夫，那一个除了是良人佳婿，也是步步为营的商贾，还有一个堪为一切美德之本，英、法语流利得"si come il nativo"（跟当地人一样）的年轻女人。（每个人都揽了一堆责任在身上，时至如今，来了一群孩子，在那些企图让他们的懿行流传下去的石板上玩起跳羊背。）这一块上面的这位少女，曾是全家人的希望，"Ma la gioia è pellegrina sulla terra"（但喜悦就是能够到地上进行一场朝圣）[2]。然而这一切皆无法说服我。根据碑文，几乎所有的人都很认命，想当然耳，因为他们都接受了他们另外的任务。换成是我，我绝不愿意束手就缚。我会用我的沉默一直抗议到底。不

---

[1] 佛罗伦萨市为纪念乔托逝世六百周年，于1937年4月到10月举办的大型画展。——译注

[2] 见《婚礼集》，第80—81页，1950年版。——原编注

用跟我说什么"应该要如何"。我只知道我的反抗是正确的,而这样的喜乐就如同一个地上的朝圣者,我必须亦步亦趋地追随在后。

院子上方的云层越来越厚,那些上头写着死人如何有德的石板,也渐渐地被夜色盖住了。如果现在要我写一本关于道德的书,一百页大概有九十九页是空白的。至于最后一页,我会写上:"我只认得一种责任,那就是爱。"除此之外的,我都要说不。用尽所有力气地说不。那些石板对我说这只是白费力气,说生命不过就是"col sol levante, col sol cadente"(随着日出日落)。但我认为无益非但无损于我的抗拒,反而还更增加了它的强度。

我想着这一切,倚着一根柱子,席地而坐。孩子们在一旁嬉闹。一个传教士对我微笑。几个女人用好奇的眼光看着我。朦胧的管风琴声从教堂里传出来,热情洋溢的主题偶尔会在孩子们的喧哗声后面灵光乍现。死亡!再这样下去,我一定会死得很快乐,饱啖希望而亡。

༄༅

9月

如果你说:"我不懂什么基督教,我可以不需要任何慰藉地活下去。"那你就是一个狭隘偏执的人。但如果,无所慰藉地

第一本　1935—1937

活着的你说:"我了解基督徒的立场,我也很欣赏他们。"那你不过是个毫无深度的游戏人间者。我开始觉得不用去理会别人的看法。

ৎ৫

圣马可修道院(Cloître de San Marco)。花丛中的阳光。

ৎ৫

锡耶纳和佛罗伦萨原始画派。他们之所以会坚持把建筑物画得比人小,并非不懂透视法的关系,而是为了强调画中的人物或圣徒的重要性。舞台设计可以参考这个。

ৎ৫

圣塔玛利亚诺维拉修道院(Cloître de Santa Maria Novella)中迟开的玫瑰,和这个星期天早晨佛罗伦萨街上的女人。无拘无束的乳房,那眼,那唇,让人心狂跳,口干舌燥,下腹一把火。[1]

ৎ৫

1　见《婚礼集》,第81页,1950年版。——原编注

菲耶索莱[1]

我们的日子并不好过。无法总是根据自己的观点来行动（至于我未来的样子，我正以为能够看见时，它就从我的眼前消逝了）。为了回到孤独的状态，我们必须很辛苦地奋战。然后，有一天，这大地露出它原始而天真的笑容。刹那间，我们内心的各种交战和活力似乎都被抹杀了。也许我眼前的景物已经被好几百万只眼睛注视过了，但对我而言，它宛如这世界浮现的第一抹微笑[2]。它让我陷入一种"不能自已"——就文字的深层意义而言——的状态。它让我确信一旦没有了爱，万般皆徒然，甚至爱本身，如果动机不纯正或别有目的，对我来说同样一文不值。它拒绝承认我是有个性的，对我的苦痛不予回应。这个世界很美，一切尽在其中。它耐心地宣扬它的伟大真理：那些所谓的精神和心灵，其实都是虚空。而在这个由骄阳下的发烫石头，晴空下更显高大的柏树所界定出来的、独一无二的天地中，"正确"的意思是"无人的大自然"。它带着我直到尽头。它心平气和地否定了我。而我，心悦诚服地，朝着某种圆融的智慧前进——如果我不要这样热泪盈眶，如果我想要号啕大哭的诗心未曾令我将这世界的真理抛却脑后。

---

[1] 菲耶索莱（Fiesole），位于佛罗伦萨北郊山区的小镇。——译注
[2] 见《婚礼集》，第88—89页，1950年版。——原编注

第一本　1935—1937

࿇

9月13日

菲耶索莱街上处处可闻的月桂树的气味。

࿇

9月15日

在菲耶索莱的圣方济各修道院里,有一处拱廊环绕的小院子,里头满满的红花、阳光和黄黑条纹的蜜蜂[1]。一个角落里有一只绿色的浇水壶。到处都是嗡嗡乱飞的苍蝇。小院子在热浪里烤了又烤,慢慢地冒起烟来。我坐在地上,想着方才参观过的那些方济会修士的小房间,现在我明白他们的灵感是从哪里来的了,而且我很清楚,如果他们是对的,那是因为我也赞同这种做法的关系。我知道我倚靠着的这面墙外,是一片奔向市区的丘陵,整个佛罗伦萨和城里的柏树就匍匐在脚下。但如此繁华的世间,无非更证实了这些修士的做法。我得意扬扬地认为自己以及那些我的同类也受到了同样的赞许——我们都知道极端的贫困可以通往这个世间的华丽和丰富。如果他们舍弃一切,那是为了追求更高境界的人生(而非来生)。这是我对

---

[1] 见《婚礼集》,第82—85页,1950年版。——原编注

"赤贫"（dénuement）这个词的唯一解释。"赤裸"一词一直有种形体自由的含义，而这手和花朵间的那种融洽，土地与出世之人彼此爱恋般的默契。啊！我多么愿意就此改宗，如果这还不是我的信仰的话。

今天，我似乎从自己过去和逝去的人生中解脱出来了。我只想要这份亲密感和这块封闭的空间——这种明智而耐心的虔诚。我觉得我的人生就像一块被反复揉捏的热面团，我只想把它掌握在自己的双手上，对那些懂得将一己生命禁锢在花丛和列柱中的修士而言，也一样吧！或者又好比搭乘那种长途夜间火车，在车上我们可以和自己对话，准备之后的行程，独处，用不可思议的耐心去爬梳那些念头，不让它们四处乱窜，然后继续向前推进。舔舐自己的生命，仿佛那是一颗麦芽糖，塑造它，磨利它，爱它，又像在寻找最后那个斩钉截铁，可以作为结论的字眼、形象或句子，带着它出发，从此通过它来观看一切。我大可留下，为这一年来的疲于奔命画上句点，我一定会努力将这场和自己的面对面一直延续到底，让它照见我在今生今世中的每一张脸，即使必须付出难以负担的寂寞代价亦在所不惜。不要退让：这一语已道尽。不要妥协，不要背叛。我会竭尽全力去达成某个境界，在那儿和我的所爱会合，接着，我俩将以最大的热情去做那些构成我每日生活意义的事。

我们（或说我）一旦对自己的虚荣心让步，一旦我们为了

第一本　1935—1937

"表现"而活,那就是在背叛了。每一次,都是那种想要表现的可怜心态,让我在真相的面前更显渺小。我们并不一定要把心事对人说,但对自己所爱的就不同了。因为在这种情况下,说出心事并不是为了表现自己,而是为了付出。那种在适当时候才显现出来的人,他的力量大多了。坚持到底,就是懂得保守秘密。我曾因孤独而苦恼,但因为不曾说出来,最后还是克服了那种孤单的痛苦。然而今天,我发现最大的荣耀竟是能够默默无闻且孤单地活着。写作,我深刻的喜悦!认同这个世间和接受享乐——但唯有在赤贫之中。如果我连对自己都无法赤裸,我就不够资格去喜爱那赤裸裸的沙滩。这是我第一次确切地掌握到快乐这个字眼的含义,它和我们一般理解到的"我很快乐"竟然有点相反。

人若持续地绝望了某一阵子以后,会感到喜悦。同样这些在圣方济各修道院里隐修的人,朝暮与红花相对,斗室里则摆着骷髅头以启冥思。窗外是佛罗伦萨,桌上是死。如果我觉得自己正处在转捩点上,并非因为我已经争取到了什么,而是失去了什么。我感到自己有一些很极端且深刻的力量。幸好有这些力量,我才能去过我想要的生活。如果今天的我远离一切,那是因为除了爱和仰望,我别无所能。脸上交织着泪光和阳光的人生,没有盐巴的人生和热石头,一如我所爱、所渴望的人生,我一面怀想着,觉得似乎我所有绝望和爱的力量都因此集合起来了。今天并非介于肯定与否定之间的中途站,而是两者皆是。否定并抗拒一切非关泪水和阳光者。肯定的是我这个第一次让我觉得还有点希望的人生。历经了这一整年的焦灼和混乱,我来到了意大利;未来还是不确定,但已经完全从我的过去和我的自我之中解脱出来了。我的穷困就是我特殊的财富。这就好像我可以重新再来似的:没有更快乐也没有更不幸。但多了对自己力量的意识、对虚荣心的唾弃,以及这份清醒的、催促着我去面对自己命运的狂热。

1937 年 9 月 15 日

第二本
1937—1939

第二本　1937—1939

9月22日

　　快乐的死。"……你明白吗，克莱尔，这个不是很好解释。问题只有一个：知道自己的价值。不过知道之前，得先把苏格拉底摆一边。想认识自己，就得采取行动，但这并不是说我们就可以给自己下定义。什么自我崇拜！笑死人了。哪个我啊？哪种个性啊？我每次回顾自己人生中那不为人知的一面，内心就会有一股想哭的颤动。我既是那些被我吻过的嘴唇，也是'临世之屋'里的那些黑夜，那个有时候会被一股想活下去、想成功的狂热给冲昏头的穷小子。很多认识我的人，这些时候就不认得我了。而我，我一直觉得自己跟我所生活的这个社会一样没人性。"

　　"没错，"克莱尔说："你就是脚踏两条船。"

　　"也许。可是从前我才20岁时，也跟大家一样在读什么人生如戏之类的。不过我要说的不是这个。好几种人生，好几条船，当然。不过一旦演员上场了，就要照规矩来了。不，克莱尔，你我都知道这不是开玩笑，有个东西可以证明。"

　　"怎么说？"克莱尔问。

　　"因为，如果那个演员不晓得自己正在演戏，那么他流的就是泪水、历经的就是人生。而每次我想到自己那些喜怒哀乐的心路历程时，我很清楚——而且是非常激动地——自己正在演的这个角色其实是最认真、戏份最多的一个。

而我，我想要成为这样一个完美的演员。我根本不在乎自己有什么个性，也不晓得如何去培养它。我的人生让我变成什么人，我就是那种人，我可不想把自己的人生搞得像一场实验。我本身就是一个实验品，听天由命。如果我够强硬、够有耐力的话，我非常确定自己一定可以没有个性到几近完美的程度，我的能量又会将我推往何等积极的虚无之境。但每一次，我又总是会被我那个人的虚荣心挡住去路。今天，我终于明白行动、爱和受苦，其实就是活着，但活要活得透明澄澈，并接受自己的命运不过是由各色喜悦和热情所造成的单一折射。"

路途，等等……

但这一切都需要时间，我现在有的是时间。

一直沉默不语的克莱尔，看着面前的帕提斯，慢慢地说道：

"爱你的人以后会很痛苦。"

帕提斯站起来，眼神里有一种绝望，很粗暴地说：

"有人爱我，我也没有义务要做什么。"

"是没错，"克莱尔说，"我不过在陈述事实而已。（总有一天你会孑然一身。）"

∽∽

第二本　1937—1939

9月23日。摘自 K.[1] 的 *R. P.*（*Riens philosophiques*）[2]。

"'激情'这个字眼在字义上有灵魂受苦的意思，不是没有道理的；因为这个字的用法让我们想起的大都是惊人而且无法自制的热切，以至于忘了这其实是一种苦痛（骄傲——挑战）。"

同样地：一个完美的（人生）演员是被动的——而且有自知之明——被动的激情。

⁓

"他浑身大汗地醒过来，衣衫不整，就在公寓中晃了一会。然后他点了一根香烟，坐下来，脑中一片空白，看着自己皱巴巴的裤子。嘴里是那种夹杂了瞌睡和烟臭的苦涩。在他四周拍溅的，是这泥淖般软烂无力的一天。"[3]

⁓

罗摩克里希纳[4]关于讨价还价的开示：
"真正的智者没有瞧不起的事。"

别把愚行和圣行搞混了。

---

[1] 指克尔凯郭尔。加缪曾在《西西弗斯神话》中详细地讨论过克尔凯郭尔的哲学。——原编注
[2] 即克尔凯郭尔的《哲学片段》(*Philosophiske Smuler*)，发表于1844年。——译注
[3] 《快乐的死》中的一段。——原编注
[4] 罗摩克里希纳（Ramakrishna，1836—1886）：印度宗教家。——译注

9月23日

孤独，有钱人的奢侈。

9月26日

（一）在小说前面加上一些报纸的报道片段（结局）。

（二）保持清醒，即使是处于心醉神迷的状态中。

具体描述：朋友消失。

电车（最后一班？）

想法——主旋律。

他愈来愈沉默，整个人蜷缩成一团……

……到了那种神智已经开始不清醒的程度。巨大的努力：返回世间——汗滴——想到女人张开的大腿——走到阳台上，全心全意地投向这个肉欲和光亮的世界。"这样很卫生。"

然后去冲了个澡，练拉力器。

第二本 1937—1939

（《神学政治论》）[1]

～

在乔治·索雷尔[2]的书中。题词献给"左派人文主义"，企图让大家把爱尔维修[3]、狄德罗和霍尔巴赫[4]当成法国文学的巅峰。

那种污染了工人运动的进步概念，是18世纪资产阶级的产物。"我们应该尽一切力量来阻止此一新兴阶级受到那些资产阶级观念的荼毒：此即何以吾人须永不懈怠地力斩人民与18世纪文学之间的联系。"（《进步的幻象》，页285—286）

～

9月30日

我最后总是可以把一个人摸透。只要肯花时间。总是会有那么一刻，我开始对他失去兴趣。有趣的是，这一刻总是发生在，当面对某个事物的时候，他让我觉得"没有好奇心"。

---

1 《神学政治论》：荷兰哲学家斯宾诺莎（1632—1677）的著作。——译注
2 乔治·索雷尔（Georges Sorel, 1847—1922）：巴黎综合理工学院毕业（polytechnicien），为布尔什维克主义所吸引。悲观主义和反智论者、反议会的工运分子，鼓吹暴力和全国大罢工。列宁和墨索里尼都曾相当受其影响。——原编注
3 爱尔维修（Helvétius, 1715—1771）：法国哲学家，功利主义和唯物论者。——译注
4 霍尔巴赫（Holbach, 1723—1789）：德裔法国哲学家，无神论者。——译注

对话。

"那您从事什么样的工作？"

"我数数儿，先生。"

"什么？"

"我数数儿。我说：一、大海，二、天空（啊！多美！），三、女人，四、花（啊，我好开心啊！）。"

"总之像个傻瓜就是了。"

"我的天，您的意见是早报上看来的。而我，我的见解则是来自这个世界。您如果通过巴黎之声（Écho de Paris）在思考，而我却是通过这个世界。当这个世界充满光亮，太阳直射，我就会想要爱和拥吻，渴望让自己融化在一些躯体内和一片光明之中，渴望沉浸在肉欲和阳光里。如果这个世界是灰暗的，我就会很忧郁，充满柔情。我觉得自己变好了，有能力去爱，甚至结婚，但不管是哪一种状况，其实都无关紧要。"

他走之后：

（一）这是个傻瓜。

（二）是个自以为是的家伙。

（三）是个挑战世俗价值者。

"都不是，"那小学女老师说，"这是个被宠坏的小孩；少来了，一看便知。一个纨绔子弟，不晓得什么是人生。"

（因为这是愈辩愈明的道理：要觉得人生可以美好又简单，就得未曾历经过它。）

⁂

9月30日

因为想更快出风头，人们才不愿意重写。可鄙。重新再来。

⁂

10月2日

"他冒着毛毛细雨，在泥泞的街上一直往前走。他能够看的不远，几步之外的前方而已。但他仍独自走在这个如此偏远的小镇上。远离一切也远离他自己。不，这再也不可能了。在一条狗和所有人的面前哭出来。他想要快乐。他有权利快乐。他不该被如此对待。"

⁂

10月4日

"一直到最近为止，我都还有这种人活着就是要做什么事的想法，说得更白一点就是，因为家里穷，所以必须赚钱养活自己，要有个事业，安定下来。而且这样的想法——我甚至还不敢称之为偏见——应该已经深植我心,因为尽管我对此事抱有嘲讽态度和定见,它还是挥之不去。后来,当我拿到了贝勒阿巴斯[1]的聘书时,面对此一看似天长地久的落脚处,一切突然消退了。我拒绝了这个教职,想必是相较于得到人生中真正的机会,可以安定下来还是不算什么。面对这种枯燥沉闷的存在方式,我退缩了。如果我熬过了刚开始的那段日子,可能就不会不甘心了吧!危险的就是这个。我当时很害怕,怕孤独和一成不变。拒绝了这样的人生,让自己和人们口中的'前途'绝缘,继续待在不稳定和贫困里,直到今天我仍不晓得那是勇气还是懦弱。但我至少可以确定的是,如果会发生冲突,那是因为有什么东西值得我们这样。除非在深入了解以后……不。会让我想逃的,无疑不是怕让自己定下来,而是怕自己会定在一种毫无美感的东西里面。

那么,我有没有能力去完成那些别人所谓的'认真的'事情呢?我懒惰吗?我认为不是,而且我也向自己证明了。但我们有权只因个人好恶就拒绝辛苦工作吗?我想懒散只会分解那些没有脾气的人。如果我连脾气也没有,那我就只剩下最后一个解决办法了。"

---

[1] 加缪曾获聘为西迪贝勒阿巴斯(Sidi Bel-Abbès)中学的教员。——原编注

第二本 1937—1939

❧

10月10日

有或没有价值观。创造或不创造。在第一种情况下，一切都可以被正当化。一切，没有例外。在第二种情况下，就是完全的荒谬了。那就只能选一个最好看的自杀方式：结婚＋朝九晚五，或左轮手枪。

❧

前往玛德莱娜的路上——在如此美丽的大自然前，还是那对单纯的巨大渴望。

❧

10月15日

季洛杜[1]（总算），"一生灵的无知状态乃对其所寄寓之天地之绝对适应者。"[2]

例如：狼的无知。

无知者即不解释者。

---

[1] 季洛杜（Jean Giraudoux，1882—1944）：法国作家。——译注
[2] 加缪曾于1938年在《阿尔及尔共和报》上发表过一篇针对季洛杜短评。——原编注

10月17日

在卜利达[1]上方的路上,那夜的恩慈和冥思,好像某种乳汁和某种甜点似的。清晨,山和它满头又直又短的秋水仙——冰凉的山泉——阴影和日头——我原本听话后来又不合作的身体。全力集中的前进,吸进肺中的氧好似烧红的铁或锋利的剃刀——拼命想克服这道斜坡,一切都贯注在此一企图超越自己的行动上——就像透过身体来认识自己一样。身体是文化的实际路径,它让我们看见了人的极限。

围绕着自然据点形成,老死不相往来的村落。一些着白色长衫的山民,动作干净利落,背景是一径湛蓝的天。小路边长着刺梨仙人掌、橄榄树、角豆树和枣树。碰到几个赶着驴子的男人,驴背上满载着橄榄。棕色的脸庞和浅色的眼珠。而从人到树、从劳动到山陵,滋生出一种既悲壮又喜悦的契

---

[1] 卜利达(Blida):位于阿尔及利亚北部的大城。——译注

合。这是希腊吗？不，是卡比利亚[1]。这就好像整个海拉德[2]突然穿越了数世纪的时空，从海边被搬到山上，再现它古时的风采，几乎未曾因为比较靠近东方而更懒散或更对命运更加服从。

❧

10月18日

9月，角豆树在整个阿尔及利亚散播着一种爱的气味，就仿佛整个大地在献身给太阳之后，腹中受到一股闻起来像杏仁的精液的润泽。

在前往西迪布拉因（Sidi-Brahim）的路上，刚下过雨，爱的气味从豆角树上飘下来，沉重而抑郁地，里头的水气整个往下压。阳光接着恢复了亮丽，水汽被蒸干，爱的气味又变得轻盈了，几乎闻不出来。就好像闷热的下午过后，和情妇外出上街，她望着你，两人肩并肩，周围都是光亮和人潮。

❧

赫胥黎："总而言之，做一个和别人都一样的好资产阶级，

---

[1] 卡比利亚（Kabylie）：阿尔及利亚北部的一个区域，卡比利亚人是柏柏尔人的一支。——译注
[2] 海拉德（Hellade）：希腊的古地名。——译注

强过当坏波希米亚或假贵族，或二流的知识分子……"

❧

10 月 20 日

他无论如何一定要得到幸福，不厌其烦地追寻[1]。虽然说我们的内心不是不能容下任何一丝的忧郁，但有一种绝对要去除的，就是这种凡事皆难皆宿命的倾向。和朋友在一起很快乐，和这个世界也没有冲突，遵循一条必死的道路去获取幸福。

"您面对死亡的时候一定会发抖。"

"是的，但我就可以完满地完成任务，那就是活着。"不接受世俗的做法和上班时间。不放弃。永远不要放弃——永远坚持更多。即使在上班时间内，也要保持清醒。向往那种一旦我们独自面对这个世界，就会身陷其中的赤裸状态。但最重要的是，要存在（être），就别去寻求显现（paraître）。

❧

10 月 21 日

穷人出门旅行，比起那些"被追捕的旅客"[2]，尤其需要更

---

[1] 《快乐的死》中的一段。——原编注
[2] "被追捕的旅客"（voyageur traqué）：作家蒙泰朗之语，指一种内心空虚以致不断旅行的心理状态。——译注

第二本　1937—1939

多的精力。搭船只能买甲板上的位置，抵达时已身心俱疲，坐三等舱慢慢走，经常每天只吃一餐，锱铢必较，时刻担心有什么意外来打断一趟已是如此艰辛的旅程，这一切都需要某种把那些对"离乡背井"的说教当耳边风的勇气和意志。旅行并不愉快，也不轻松。而且，如果你很穷，没钱，却又梦想着出门旅行，那就得要有不怕困难的决心和对未知的热爱。然而，细究起来，这样的旅行一定不会只是为了好玩，而且我打赌纪德和蒙泰朗绝对不会遗憾没有买到那种必须在同一个城市待上六天的折价火车票。不过我也很清楚自己其实也看不到蒙泰朗和纪德看得到的那些东西——因为火车票比较便宜的关系。

10月25日

飞短流长——里头那种难以忍受和羞辱人的东西。

11月5日

艾尔凯达墓园[1]。阴霾的天、满山的白坟和对面的大海。潮

---

[1] 艾尔凯达墓园（El Kettar）：阿尔及尔的一个公墓，建于1838年，专门用来埋葬外地人和无名尸的万人冢。——译注

湿的土壤和树木。白色墓碑间的鸽子。一朵孤单的天竺葵，颜色难说是粉红还是红。一股迷茫而沉默的巨大哀伤，让死亡那张美丽纯洁的脸庞变得亲切起来。

∽

11月6日

前往玛德莱娜的路上。树木、泥土和天空。啊！从我的手势到这颗最先出来等着我们回家的星星，那么遥远又那么地有默契。

∽

11月7日

人物。A. M.。残障人士——双腿截肢——身体有一边麻痹。[1]

"我日常起居都需要协助。要人家扶我起来。帮我擦干净。我已经快聋了。所以说，我绝对不会动手去缩短一个我如此信赖的人生。我甚至接受更糟的。变成瞎子并失去一切感觉——失聪并和外界完全隔绝——只要我还能感受到内心那把既黯淡又炽烈的火，那就是我，活着的我——还是感谢生命，让我还

---

[1] 这个人物是札克尔（Zagreus），在《快乐的死》一书中被主角默尔索暗杀身亡。——原编注

第二本 1937—1939

能燃烧。"

∽

11月8日

在这街区的电影院里,有人在卖薄荷糖,糖果纸上面写着:"你有天会嫁给我吗?""你爱我吗?"答案是:"今天晚上"、"非常"等等。我们把糖果递给坐在旁边的女孩,她们的作答方式就跟糖果纸上写的一模一样。有些人的一生就在交换薄荷糖的时候找到了归宿。

∽

11月13日

切维克林斯基[1]:"之前我总是因为恨而采取行动。现在的情况好多了。为了得到快乐而行动?如果我该定下来,不如就在这个我喜欢的国度里定居?但情感式的预期通常是假象——通常。所以说应该要用自己觉得最容易的方式去过日子。宁可惊世骇俗,也不强迫自己。这样虽有点犬儒,但世间最美丽的女子皆如此见事。"

没错,但我不敢说一切情感式的预期都是假象。它不过是

---

[1] 切维克林斯基(Cviklinsky):阿尔及利亚医生和哲学家,加缪的朋友。——原编注

不理性而已。总之，我唯一感兴趣的，是那种一切正如预料之中的经验。为了快乐而去做某事，并因而感到快乐。吸引我的，是这种外界和我之间的联结，这种彼此的映照可以让我的心来指导我自己的快乐，直到一定的极限上，然后这个世界再决定究竟要成全或摧毁它。

Aedificabo et destruam（〔拉〕吾立之且吾毁之），蒙泰朗说。而我更喜欢：Aedificabo et destruat（〔拉〕吾立之且彼毁之）。所以不只是自己跟自我在那边唱双簧。而是和这个世界有所互动。这和谦不谦卑有关。

✿

11月16日

他说："每个人生命中都要有爱，一种大爱，因为这样就可以有借口不用去面对那些令人不堪负荷、说不出缘由的绝望。"

✿

11月17日

"幸福的意愿"。

第三部分。幸福的实现。

连续好几年。季节转换中的时光流转，除此之外别无其他。

第一部分（结尾）。残障人对默尔索说："钱。是一种精神性

第二本 1937—1939

的附庸风雅,让人愿意试着去相信没有钱也可以过得很快乐。"

M 回到自己家中,在这些事实的放大镜下检视他这一生中历经的风风雨雨。答案是:好吧!

对一个"出身好"的人,快乐就是再去踏上和所有人一样的命途,但并非抱着看破红尘的心态,而是追求幸福的决心。快乐需要时间,很多的时间。幸福也是,要有很大的耐性。而时间,被我们那种对钱的需求偷走了。时间可以买。任何东西都可以用钱买到。有钱,就是该我们快乐的时候,不会没有时间。[1]

൦൦

11月22日

付出一小部分的人生以免丧失整个生命,是很正常的。每天六到八个小时,免得饿死。何况,想占便宜的人,到处是便宜。

൦൦

12月

玻璃窗上油墨似的雨珠,马蹄的空心回响,闷声下个不停的大雨,一切都长着一张过往的脸,脸上的郁郁寡欢渗进了默

---

[1]《快乐的死》中的一段。——原编注

尔索的心内,像雨水跑进他湿透的鞋子里,像寒冷侵蚀他那薄裤子下的两只膝盖。一朵朵乌云,从苍穹的最深处不断到来,一朵消散了,另一朵又立刻补上来。这一阵阵从天而降的水气,非雾非雨,仿佛一只手,轻轻地擦拭着 M 的脸,让他的黑眼圈看起来更加明显。他裤腿上的裤线折子已经不见了,而跟着一起消失的,是那种一个正常人身处于一个专为他打造的世界里时会有的热血和信心。[1]

(在萨尔茨堡)

❧

对玛尔特的嘲讽——离开她。

❧

那家伙本来前途无量的,最后还是到办公室里去办公[2]。除此之外,他也不做其他事,回到家,边抽烟边等着晚餐时间到来,吃过又去躺下,一直睡到第二天。礼拜天的话,他会很晚才起床,然后倚在窗前,看雨或看阳光,路人或空无一人。这样可以过一整年。他在等,等着死掉。前途有什么用,既然无

---

[1] 《快乐的死》中的一段。——原编注
[2] 《快乐的死》中的一段:之后《局外人》的第 34—38 页,1947 年版,也是从此处得来的灵感。——原编注

第二本　1937—1939

论如何……

❧

政治及人们的命运，是由一些没有理想也不伟大的人在做决定的。真正情操高尚者，不会去从政。余者皆然。不过现在的问题是如何从内在来创新自己。如何让行动者也是有理想抱负的人，让诗人也懂得经营工厂。如何实践自己的梦想——让它们发动。从前，我们放弃做梦或在梦中迷失。应该不要在梦中迷失，也不要放弃。[1]

❧

我们没有时间做自己。我们只有时间来快乐。

❧

奥斯瓦尔德·斯宾格勒的《西方的没落》：

壹、形式和现实：

"我认为了解这个世界就是要有跟它一样的水准。"

"会去下定义的人，不晓得什么是命运。"

"人生中除了因果性的必然——我称之为空间逻辑——之

---

[1] 这一段后来被用在卡利古拉中。——原编注

外，还存在着命运的那种有机式的必然——时间逻辑……"

希腊人对历史的无感。"从古希腊罗马时期一直到希波战争[1]的历史，基本上是一种神话思想的产物。"

埃及人的柱子原本是用石头做的，而古希腊的多立克柱用的则是木头。古希腊之魂借此表达出其对时间的敌意。"埃及文化是忧虑的化身"。希腊人则是快乐的民族，没有历史。

神话及其反心理主义的内涵。相反地，在西方精神历史的源头，某种私密性质的自我分析元素即已就位，这就是西方的"新生"[2]。（参考大异其趣的赫拉克勒斯神话元素：从荷马一直到塞内加悲剧都没有变化。一千年。换言之：古代＝现在。）

譬如："机械式自鸣钟是德国人发明的。这种象征着光阴不断流逝的可怕装置，其鸣响日以继夜地从无以计数的钟楼里传出，在整个西欧的上空回荡。这前所未见的现象，也许是一种对宇宙的历史感的最大规模体现。"

"西欧文化里的人，被赋予了历史感。但我们不是通则，而是一个例外。"

愚蠢的模式：古希腊罗马——中世纪——现代。

"对伊斯兰世界而言，超人的含义是什么？"

---

[1] 公元前5世纪初希腊城邦和波斯帝国之间的一连串冲突。——译注
[2] 新生（Vita Nuova）：这里指的是但丁的同名诗集，内容主要是诗人对其早逝的初恋对象贝阿特丽采无瑕之思慕和怀念。——译注

第二本 1937—1939

"文明是文化的宿命。于是古罗马继承了古希腊。希腊灵魂和罗马智慧。从文化过渡到文明,于古希腊罗马时代完成于4世纪,在西方则于19世纪。

对城市居民而言,我们的文学和音乐即是如此。

也因为这样,我们才会把哲学史当成整个哲学唯一严肃的题目。

整个问题:

历史和自然的对立

数学历史

以及绘画(待商榷)

✢

12月

令他感动的,是她抓住他衣服的那种方式,她抓着他的手臂跟着他走,那种全然的信赖让身为男人的他颇为动容。而且,她也不说话,因此可以更专心在她的一举一动上,这让她看起来更像一只猫,再加上她那已经够肃穆的吻……

夜里,他的指尖轻触她冰冷而突出的颧骨、微温的唇,把指头伸进去[1]。当下这在他内心就像一个无私并热血的呐喊。面

---

[1] 《快乐的死》中的一段。——原编注

对着这个要被星星挤爆的夜，这个城市，好像一片倒过来的天，涨满了人工光线，一阵长长的暖风从港口那边吹过来，拂在他脸上，他突然很渴望那股微温的泉，无法抑制地想在这两片活生生的唇上面，找出这个不仁的、沉睡的、就像她嘴里含着的一股沉默般的天地还有什么意义。他身子往前倾，觉得自己的嘴唇碰到的好像是一只小鸟。玛莎在呻吟。他轻轻咬着她的唇，然后，一连好几分钟，嘴对着嘴，吸吮着这令他心神荡漾的温热，仿佛整个世界都拥进怀里了。至于她，像个溺水的人似地抱着他，在这个被人推下去的黑洞里载沉载浮，那两片唇被推开后又会立刻黏上来，她于是再度坠入一片又冷又黑、宛如一群天使般让她浑身着火的水中。

∽

12月

一个懂得游戏规则的男人，跟女人在一起时绝对不会无聊。女性是很好的观众。

∽

无聊的事情总是一开始就会让人觉得无聊。然后，就是死了。"我永远没法过这样的日子"；但这种日子就是要过过才能接受。

第二本 1937—1939

小说。第一部。纸牌游戏[1]。对话。

"我们这些佐阿夫……"

"跟我丈夫……"

一个黑人:"我觉得你好恶心。我觉得你好恶心。我这就告诉你为什么。因为你就是个小小的闷葫芦。我啊我讨厌小闷葫芦。你根本不会生活。"

(圣拉斐尔公园)

小说。标题:纯真之心

地上的快乐人们

金色光芒

"您见过很多会把主动投怀送抱的美女往外推的'多情男子'吗?就算有这种人,也是因为没有主张的关系。"

"那种完全不是认真的关系竟被您说成是有主张。"

"没错。(至少就您所认定的这种'认真'而言)"

---

[1] 布里斯克(Brisque):一种牌戏。——译注

∽∂

小说。第一部。

札克尔位于郊区乡间的住宅。谋杀。屋里暖气太强。默尔索觉得耳朵发红,无法呼吸。他出来时都鼻塞了(这病后来置他于死地)。

第四章:和 Z 的谈话。从"无所谓"谈起。

"好吧!"Z 说:"可是您如果有在上班的话,就不能这么做了。"

"没错,因为我现在正处于一种叛逆的状态中,而这样很不好。"

……基本上,M 说:"我是个狂热的危险分子。"

∽∂

小说。第四部分。一个消极的女人。

"错就错在,"M 说,"以为应该要选择,应该要去做自己想做的事,以为有些状况可以让人得到幸福。幸福是就是,不是就不是。重要的是幸福的意愿,一种永远不会消失的强烈意识。其他的,什么女人、艺术品、世俗成就,都不过是借口罢了。一张等着我们把花色绣上去的底布。"

∽∂

第二本 1937—1939

小说。第三部分[1]。

过了不久,默尔索就说要走了。他打算先去旅行,然后会在阿尔及尔附近定居下来。一个月之后,他就回来了,确定从今以后旅行对他来说是一种已经结束的生活方式。他觉得旅行其实是一种不能让人安心的幸福。M 要找的不是这个,而是一种有意识的幸福快乐。他觉得自己病了的同时,也晓得自己要什么了。于是他再度准备离开那栋临海之屋。

❦

1938 年 2 月

这里,人们对命运都很敏感。这就是他们的不同之处。

❦

因不完全一样而痛苦,因完全一样而感到不幸。

❦

1938 年 2 月

在人对己身处境的某种抗议行动中,可以见到完整的革命

---

[1] 《快乐的死》中的片段。——原编注

精神[1]。在此一情况下，以各种不同形式展现出来的革命精神，正是艺术与宗教唯一永远关心的题目。一场革命到最后反对的总是神——远从普罗米修斯[2]的反叛开始。这是一种人类反抗自身命运的宣示，至于那些暴君和中产阶级的小丑，不过是让人师出有名罢了。

这样的精神，无疑地我们也能从人的历史性壮举中找出来。但还是需要像马尔罗那样的激情，方不至于对那种想要证明什么的意志让步[3]。这样的精神在其本质与其际遇中更易寻得。正因如此，一件描绘如何追求幸福的艺术作品，将是一件革命之作。

~~

在有限中寻找一种无限。

~~

1938 年 4 月

一个工作人的处境和一个立基于一群工作者的文明中那种

---

1 此段省思和马尔罗对于革命与艺术的概念可谓不无关联，亦预示了日后《反抗者》一书的主旨。——原编注
2 普罗米修斯：希腊神话中的提坦神，因违抗宙斯旨意盗火给人类使用而受到严罚。——译注
3 马尔罗尝言："会让一件艺术作品受到破坏的不是热情，而是证明的意志（volonté de prouver）。"——译注

龌龊和可悲的东西。

但重要的是要挺住,不要松手。通常一般人的反应是下班之后从事其他活动,拉来一群观众,赢取一些不值钱的赞美,找到一个懦弱和演戏的借口(大部分的家庭都是为此而成立的)。另外一个必然的反应是侃侃而谈。此外这些都还能凑在一起,如果再加上不修边幅也不知保健养生,颓废丧志。

所以首先要闭上嘴巴——不要观众了,学着自我评断。专注保养身体之余亦不忘追求人生的意义。放下一切身段,致力于一种双重的解放——对于金钱以及对于自己的虚荣和怯懦。生活要有规律。花两年来想通一件事其实不算浪费人生。要把之前的那些习惯改掉,先全心全力地记取教训,然后再耐心地去学习。

若肯付出这样的代价,就有十分之一的机会可以避免这种最龌龊、最可悲的:工作人的处境。

༺༻

4月

寄出两篇散文。卡利古拉。毫无重要性。不够成熟。在阿尔及尔出版。

继续写:哲学和文化。专心准备论文。

不然就是生物+教师资格考。

不然就是印度支那。

每一天都要在这本簿子上做笔记：两年后写出一个作品。

༄༅

1938 年 4 月

梅尔维尔[1]原本是个冒险家，后来在办公室里终老。他死时默默无闻、身无长物。一个人如果孤单又孤立（这两种不能混为一谈），最后可能连恶毒和毁谤的力气都没有了。但心里还是得随时提防着恶毒和毁谤。

༄༅

5 月

尼采。谴责将基督教从恺撒·博尔贾[2]式的生活与爱之原则中拯救出来的宗教改革。教宗博尔贾最后还是证明了基督教有理。

༄༅

一个观念吸引我的，是其中那种刺激和前所未见的成

---

[1] 加缪后来写了一篇专论梅尔维尔的序，梅氏名著《白鲸》的小说技巧曾影响《鼠疫》。——原编注

[2] 博尔贾（César Borgia）：意大利文艺复兴时代的一位统治者，家族中出过两位教皇，本身也担任过枢机主教，博尔贾家族据称淫乱无度，恺撒·博尔贾为人则凶残阴险，然其不择手段的行事方法却受到马基雅维利的大力赞扬。——译注

第二本 1937—1939

分——那种新鲜而肤浅的东西。不得不承认这点。

~~

C是那种喜欢收买，对每个人都承诺太多却从不兑现的人。他就是需要获取、赢得别人对他的爱和友谊，但自己却没有办法做任何的付出。很好的小说人物，可悲的朋友形象。

~~

场景：丈夫、妻子和一群人。

那丈夫颇有些立场，喜欢出风头。妻子都不说话，但会用一些无情的短句，来拆她那亲爱的丈夫的台。一直以来都是这样凸显她的高人一等。丈夫都忍住了，但会觉得受到屈辱而痛苦，于是开始恨起妻子来了。

譬如：笑着说："老伴儿，不要让自己看起来比您实际上的还笨好吗？"

人群起了一阵骚动，传出尴尬的笑声。他脸胀得通红，走过去吻她的手，笑道："您说的是，亲爱的。"

面子是保住了，但恨也更浓了。

~~

我还记得当我母亲跟我说，现在我已经够大了，新年时可以开始送我一些有用的礼物时，内心所感受到的那股尖锐的绝望。一直到今天，每当我收到这一类的礼物时，私下还是会忍不住紧张起来。当然我很清楚她那样跟我说是因为爱我，但为什么爱有时会说出这么瞧不起人的话呢？

❧

同样一件事情，我们早上和晚上的看法都会不同。但真相在哪里，在静夜的思维还是正午的精神里？不同类的人会有不同的答案。

❧

5月

一个老人院里的老太太死了[1]。她一个认识了三年的女友在哭，因为她"现在什么都没有了"。那小小停尸间的看门人是从巴黎来的，跟他老婆住在那儿。"谁料得到他74岁时，会沦落到马朗戈的老人院里等死？"他儿子混得还不错。从巴黎过来探视。他媳妇不想把老人家接回去。吵了起来。老头竟然"对她动手"。他儿子又把他们送回老人院。那个收尸的，也是死者的朋友。他们从前偶尔晚上会一起到村子里去。那小老头

---

1 《局外人》的片段。——原编注

第二本　1937—1939

很坚持要一路送她送到教堂和墓园去（两公里）。但因为他腿瘸了，跟不上送葬队伍，落后了二十公尺。幸好他认得这一带乡间，抄了好几次近路，让他赶上了队伍两三次，直到又远远被抛在后头。

那个负责把棺材钉上的护士是个摩尔人[1]，鼻头上长了一个脓疮，头上一年到头绑着一条布带。

死者还有好几个朋友：有说谎癖的小老头和小老太婆。过去的一切都是美好的。一个跟另外一个说："您女儿还没给您写信吗？""还没哪！""她总不能忘了自己还有个妈吧！"

这个老太太则是死了——像在对所有人发出一种预示和警告。

❦

6月

关于《快乐的死》：一连来了好几封分手信。人尽皆知的说法：因为我太爱你了。

最后一封：条理分明的上乘之作。然而其中的演戏成分还是不计其数。

❦

---

[1] 在法国殖民时期，"摩尔人"指的是阿尔及利亚的原住民。——译注

结尾。默尔索去喝酒。

"喔,"赛勒斯特[1]说,一面擦着吧台,"你老了,默尔索。"

默尔索骤然停住,放下酒杯。他望着吧台后面那面镜子里的自己。这是真的。

❧

阿尔及尔的夏日。[2]

青空中的那一束黑色飞鸟是给谁的?又盲又聋的夏日,正在慢慢渗入,赋予了那些雨燕的啼声和报纸小贩的叫卖声一种更纯粹的意义。

❧

6月。关于夏日:

(一)佛罗伦萨归来,阿尔及尔。

(二)卡利古拉。

(三)夏日即兴曲。

(四)论剧场。

(五)论四十工时。

---

1 赛勒斯特(Céleste):这个人物在《快乐的死》和《局外人》中都曾经出现过。——原编注
2 《婚礼集》的笔记。——原编注

第二本　1937—1939

（六）重写小说。

（七）荒谬。

❧

关于夏日即兴曲：

——观众。

——嘿！

——观众。

——嘿！

——你真是难得，观众。

——难得？怎么说？（他回过头。）

——就难得啊！你的数量并不多。你只有几个。

——我们能来的都来了。

——当然。像你这样，对我们就够了。

❧

小说

"我得承认我有些很严重的缺点，"贝尔纳[1]说，"譬如，我会撒谎。"

---

[1] 贝尔纳（Bernard）:《快乐的死》中的医生。——原编注

"？"

"哦！我清楚得很。有些缺点是人们永远不会去承认的。其他的认了也不会怎样。要装出那种卑微的口吻，当然！'没错，我是爱生气，我是贪吃。'就某方面而言，这会让他们觉得舒坦。可是撒谎、虚荣、善妒，这就不能承认了。只有别人才会这样。何况，承认自己爱生气，其他的就都不用说了。对一个愿意随时检讨自己的人，您不会再去给他找别的缺点，不是吗？

我，我是个没有优点的人。我可以接受自己。自此一切都变得如此简单。"

༺༻

卡利古拉："我是个简单的人，这点你们永远无法明白。"

༺༻

论四十工时

我们家里是：工作十小时。睡觉。星期天－星期一——没事干：人就唉声叹气。人最大的悲哀，是他竟然会去哀求，去盼望那个羞辱他的东西（竞争）。

༺༻

"最近大家常讨论的工作尊严，以及它的必要性。特别是吉

第二本　1937—1939

纽先生[1],对这个问题有非常精辟的看法……"

但这根本是一种愚弄。工作尊严只存在出于自愿的工作里面。所以唯一可以当成道德标准的是无所事事,因为我们可以用它来评断一个人。平庸的人要是无所事事就完蛋了。这就是它的教训和伟大之处。相反地,工作会把所有的人都压扁。工作不能当成判断的标准。它只会让人开始去追究自己何以受辱的形而上原因。在目前这种讲究思想正确的社会里,工作被赋予的那种奴役形式让最优秀的人也无法幸存……

我认为我们应该把传统的公式倒过来,把工作变成无所事事的一种结果。在那些星期天箍的小酒桶里,有着某种工作尊严。因为工作在此成了一种游戏,而游戏规则是那种可以做出艺术作品,甚至创造出一切的技术水准……

我知道这个谁听了会向往,谁又会嗤之以鼻。那又如何,我的工人一天还是赚四十法郎……

每个月底母亲都会振奋人心地笑着说:"今天晚上我们可以喝咖啡加牛奶。偶尔,也是要变化一下……"

但至少他们还可以在那做爱。

                                                          ೲೲ

---

[1] 吉纽先生(M. Gignoux):当时的一个主张自由市场的经济学家。——原编注

现在唯一还有可能的博爱,唯一还在供应并被允许的,是去为国捐躯时那种既肮脏又黏腻的博爱。

✍

6月

电影院中,那个从奥兰[1]来的小妇人和她丈夫。主角的悲惨遭遇让她哭得泪如雨下。她丈夫拜托她别哭了。她边哽咽边说道:"好啦!你就让我好好享受一下。"

✍

快乐的死:

火车上,札克尔就坐在他的对面。只是他平常披的那条黑色围巾不见了,取而代之的一根颜色很淡的夏天领带。(谋杀行动过后,回到他的公寓中。什么都没动。只挂上一面新的镜子。)

✍

所有聪明人都会受到的共同诱惑:愤世嫉俗。

✍

---

[1] 奥兰(Oran):阿尔及利亚西北部的大港市。——译注

第二本 1937—1939

这个世界的悲惨和伟大:不给我们任何真相,但有许多爱。荒谬当道,爱拯救之。

※

连载小说中有一种特殊的心态。不过那种心态很慷慨。它不会去计较细节。也让人赊欠。正因如此,所以它是错误的。

※

老妇人的新年新希望:我们要的不多:就工作和健康。

※

人有种奇怪的虚荣心,想让别人或自己相信他向往的是真理,但其实他有求于这个世间的是爱。

※

这是一个难以察觉并理解的事实:我们可以比很多人优秀,但无法因此而高人一等。而真正的优越是……

※

8月

一个面向庭院的房间——通到第二个完全靠它采光的房间,

然后第二个房间又通到第三个没有窗户的房间。在那个房间里，摆了三张床垫。三个人睡在上面。但因为这房间最大的宽度比床垫的长度还窄，所以他们只好把床垫一端靠在墙上，身子拱起来睡。

⁓

一个瞎子跟他的瞎子朋友，半夜一点到四点间出门。因为他们很确定不会在街上碰到任何人。即使撞到路灯，也可以很自在地笑出来。他们笑。如果是白天，别人的同情心会让他们笑不出来。

"这可以写下来，"瞎子说，"不过不会有人感兴趣就是。一本有趣的书，里头一定要有什么悲惨的遭遇。问题是我们过得一点也不悲惨。"

⁓

写作的话，总是要言犹不及（与其说得太过）。总之不要喋喋不休。

"实际的"孤独是最不文学的经验之一——和我们想象中的那种有文艺气息的孤独相去千里。

参照：所有苦痛里头那种贬抑人的东西。不要让自己沦落空洞。努力去克服和"填满"。时间——不要浪费

第二本　1937—1939

唯一可能的自由，是面对死亡的自由。真正的自由人，在接受死亡实相的同时也接受了它的后果——亦即一切传统生命价值的颠覆。伊凡·卡拉马佐夫[1]所谓的"一切皆被允许"，是这种前后一致的自由的唯一说法。但须深究其义。[2]

1938 年 8 月 21 日

"只有那些曾历经'现在'的人真正知道什么是地狱。"（雅各·瓦塞曼[3]）。

摩奴法典[4]：

"妇人的嘴，少女的胸，孩子的祷告，献祭的烟，永远纯洁。"

1　伊凡·卡拉马佐夫：俄国作家陀思妥耶夫斯基名著《卡拉马佐夫兄弟》中的二哥，狂热的理性主义者。——译注
2　这一段后来用在《西西弗斯神话》中。——原编注
3　雅各·瓦塞曼（Jacob Wassermann, 1873—1934）：德国犹太作家和小说家。——译注
4　摩奴法典：阐明印度教伦理规范的一部法论。——译注

关于有意识的死亡，参见尼采《偶像的黄昏》，页 203。

尼采："如果说最有灵性的人最勇敢，那么最痛苦的悲剧就是注定要让这些人去经历。正因如此，他们都对生命都不敢小觑，因为生命对他们展现了最大的敌意。"（《偶像的黄昏》）

尼采。"当我们见到美的时候心里想要的是什么呢？希望自己也是美的。我们可以想象有多少的快乐都寄托在这上面，但这是个错误。"（《人性的，太人性的》）

空中布满了凶残而可怕的鸟。

人生想要过得更快乐，就必须尽量去见证其中的悲剧。真正具有悲剧性的艺术作品（如果这也算是种见证的话），应该都是幸福的人创作出来的。因为这一类作品的灵感全来自死亡。

气象学方法。气温每分钟都在变化。但这样现象变化太大，无法用数学概念来定义。气象观测在此代表着一种对现实的断章取义。而唯有平均值的观念可以把这样的现实呈现出来。

✥

伊特鲁里亚书目：

格勒尼埃（A. Grenier）：《伊特鲁里亚研究》，《古文明期刊》第九卷（Recherches Étrusques dans la Revue des Études Anciennes），1935年，第219页

诺加拉（B. Nogara）：《伊特鲁里亚人及其文明》（Les Étrusques et leur civilisation），巴黎，1936年

德惠特（Fr. de Ruyt）：《沙龙，伊特鲁里亚的死亡之魔》（Charon, démon étrusque de la mort）（出处待考）

✥

贝勒库尔[1]

那个年轻女人的丈夫要午休，不许孩子吵他。一房一厅的公寓。她在饭厅的地上铺了毯子，静悄悄地跟孩子玩，好让男人睡觉。她没把楼梯间的门关上，因为天气很热。有时她自己也睡着了，我们经过时可以看到她，仰卧在地，孩子们围在旁边，静静地看着这副躯体的微颤。

---

[1] 贝勒库尔（Belcourt）：阿尔及尔的贫民区，加缪在那儿度过他的童年。——译注

贝勒库尔

被开除了。不敢跟她说。东拉西扯。

"那好吧！以后我们晚上喝咖啡就好了。偶尔也是要改变一下。"

他望着她。他读过很多贫困的故事，里面都会有个"勇敢的"女人。她没有笑。她又走回厨房里。勇敢？不，认命。

❦

那个已经没有在打了的拳击手，夭折了一个儿子。"我们活在这个世上是为了什么？还要这样一直做、一直做。"

❦

贝勒库尔

R 的故事[1]。"我之前认识一个太太……说白了就是我的情妇……我发现她会骗我：彩券的事（这是你买给我的吗？）、套装的事和她妹妹的事。镯子的事还有其他的'线索'。

算算是一千三百法郎。这样她还不够。'你怎么不去做半天工？这些小东西你可以自己出，我就轻松多了。我给你买了套

---

[1] 这一段笔记后来成为《局外人》中雷蒙（Raymond）的故事。——原编注

第二本　1937—1939

装,每天还有二十法郎零用。我帮你付房租,而你,你下午都在跟你的好姐妹喝咖啡。你还给她们咖啡和糖。钱还不都是我给的。我对你那么好,你却恩将仇报。'"

他问人怎么办。他"对他这姘头还是有感情"。他想给她写一封可以"狠狠地踹她几脚"的分手信,一些"让她会后悔的东西"。

譬如:"你就是图下面爽快而已,你就只想这个而已。"然后再:"我还以为……"等等。

"你看不出那些人,他们都在妒忌我给你的幸福。"

"我会打她,但说来也不过轻轻碰一下而已。她如果叫喊,我就把窗板关上。"

就算只是女朋友也一样。

他要的是她回头来找他。这种羞辱对方的欲望让他成了某种悲剧人物。他打算带她去旅社开房间,然后叫风化警察来。

一帮朋友和啤酒的事。"你们这些人,还说你们是道上的。""他们跟我说,如果我同意的话,他们就去让她破相。"

外套的事,火柴的事。

"你到时就明白我曾让你有多幸福。"

那是个阿拉伯女人。

❦

主旨：死亡的世界。悲剧作品：快乐的作品[1]。

"……可是，默尔索，从您的语气听来，我觉得您对这样的人生并不是很满意。"

"我不满意那是因为我觉得它被夺走了——或者说，我太满意我的人生了，以至于非常害怕失去它。"

"我不明白。"

"您不想明白。"

"也许。"

过了一会儿，帕提斯要走了。

"可是，帕提斯，还有爱啊！"

他转过身，一张被绝望腐蚀的脸。

"是啊，"帕提斯说，"但爱是属于这个世界的。"

✺

老人院（穿过田间的老人）[2]。葬礼。太阳把路面的柏油都融化了——脚踩下去，黑色路面就皮开肉绽的。有人开始觉得这坨污泥跟那马夫的硬皮帽有点像。而所有这些黑，裂开的柏油的粘黑，衣裤的暗黑，车厢的漆黑——太阳、皮革、马粪、

---

[1] 《快乐的死》中的一段。——原编注
[2] 这一段后来被用在《局外人》里。——原编注

第二本 1937—1939

亮光漆和香的味道。疲倦。而另外那个,穿过田间。

他要去参加葬礼,因为她是他唯一的朋友。在老人院里,人家像在跟小孩说话似地对他说:"是您的未婚妻啊!"他就笑,一副很高兴的样子。

❦

人物。

A 艾蒂安,"体格型"的人物;很注意自己的外表:

1 西瓜

2 生病(斑点)

3 自然的需求——可口——热腾腾,等等。

4 他吃到好吃的东西就会开心地笑。

B 玛丽 C.[1]。姊夫。住在一起。"房租是他在付"。

C 玛丽 Es.。童年。在家里的地位。众人引以为傲的处女。阿西西的方济各[2]。痛苦和屈辱。

D 勒卡太太。同上。

E 马塞尔,司机——及咖啡馆的老妇。

❦

---

[1] 可能就是玛丽·卡多纳(Marie Cardonas)。——原编注

[2] 方济各(Saint François d'Assise,1182—1226):天主教方济各会的创办者,主张清贫生活。——译注

我们所感受到的情感并不会改造我们,但是会让我们有那种想要改变的念头。所以爱并不能让我们不再自私,却可以令我们对此有所察觉,并让我们开始向往一个没有自私的遥远国度。

❦

继续对普罗提诺的研究[1]。

主题:普罗提诺的理性。

理性——不是固定的概念。

可以去研究理性在历史中面临存续或毁灭时如何对应。

参照:文凭。

这既是相同,也是不同的理性。

因为有两种理性:

一是伦理的。

另一是美学的。

深入探讨:普罗提诺的形象以及这种美学理性的三段论法。

形象和寓言:试着在具体事物那种难以形容的理所当然里,注入情感中那无法言喻的东西。

一如所有的描述式科学(如搜集事实的统计学),气象学

---

[1] 1935年,加缪获高等哲学研究文凭(diplôme d'études supérieures de philosophie),论文题目是对圣奥古斯丁和普罗提诺思想中的古希腊文化和基督教关系之探讨。——原编注

第二本 1937—1939

的大问题是一个实践上的问题：那些没有观察到的数据要怎么填上去？这时用来填补空白的插值法，根据的就是平均值的概念，并由此假设某种只为表现现象理性面的经验，是可以加以普遍化和合理化的。

※

贝勒库尔。在洗手间里自杀的白糖投机分子。

※

1914年的德国家庭。平安无事地过了四个月之后。有人上门来找那个爸爸了。集中营。四年无消无息。但日子还是得过。1919年他回来。肺痨。几个月就死了。

学校里的小女孩们。

※

艺术家和艺术作品。真正的艺术作品是那种点到为止的。一个艺术家的整体经验和他的想法、人生（就某种意义而言即他的"系统"——除掉这个字的系统性意涵的话）之间，有着某种关联，而作品正是这种经验的反映。如果艺术作品把整个经验都讲出来，还包上一层文艺的流苏，那么此一关联就是恶劣的。但如果艺术作品只是从整个经验中切削下来的一小块，像钻石的一个切面，内蕴的光芒将无穷扩散。第一种是超载的文学。第二种则是沃土般的作品，那些不言而喻的经验正暗示着它丰富的内容。

问题在于如何取得这种超出写作技巧的处世之道（不如说是经验谈）。到头来，伟大的艺术家其实就是一个了不起的活人（"活着"在这里亦指思考生命——或说是经验和因而产生的意识之间的那种微妙关系）。

∽

纯粹的爱是死掉的爱，如果说爱一定会牵涉到恋爱，会需要建立起某种新生活的话——在这样的生活里就只有一个不变的参考值，至于其他的就要去取得共识了。

∽

思想总是跑在前面。它看得太远，比只能活在当下的身体还远得多。

拿掉希望，就是让思想回归身体。而且身体总有一天会腐烂。

∽

他躺下来，傻笑，两只眼睛闪闪发光。她觉得自己所有的爱都哽在喉头，热泪盈眶。她扑向他的双唇，泪珠都让两人的

第二本　1937—1939

脸庞挤碎了。泪水也流进了她的嘴里。而他，他咬着这两片咸咸的嘴唇，像在咀嚼他们爱情里的苦涩。

〜

造物者那无情的心。

〜

"我要是识字倒也罢！天一黑我也没法子靠着灯光打毛线。只好去躺着等。一等两个钟头，好久。唉！要是我孙女儿在身边多好，我就可以跟她说说话。不过我太老了。可能我身上味道不好闻吧！我孙女从不会来看我。所以，我就只能这样了，一个人。"

〜

2P.

今天，妈妈死了[1]。或者可能是昨天，我不晓得。我收到老人院的一封电报。"母亲去世。明日安葬。谨此。"什么都看不出来。可能是昨天……

就像门房说的："平地上很热。要尽快入土。尤其是这

---

[1] 《局外人》草稿。加缪这时似乎已经找到这本小说的笔调。——原编注

里。"他跟我说他是巴黎来的，一度很难适应。因为，在巴黎，人死了有时还会在家里停个两三天。但这里，没有那种时间。人才刚断气大家就得追着灵车跑。

……不过送葬的队伍也走得太快了。日头倒是掉得猛快。就像那个护士代表说的："如果走得太慢，我们可能会中暑。走得太快，又会流得满身大汗，然后再进去教堂里面，容易着凉。"她说得没错。这事没有解决办法。

葬仪社的人跟我讲了一句我没听清楚的话。他不时把帽子举起来，一只手拿条手巾伸进去擦他的脑袋瓜子。我问他："什么？"他指了指天空，又重复一遍："热啊！"我说："对。"过一会儿，又对我说："今天这个是令堂？"我说："是。""她年纪很大了？"我说："差不多。"因为我也不晓得确切的数字。然后，他就没说话了。

⁂

1938年12月

关于卡利古拉：时空错置（anachronisme）是剧场里最讨人厌的发明之一。这就是为什么卡利古拉整场戏都不讲出那唯一一句他本来想说的正经话："一个思考的人让一切都荒芜了。"[1]

---

[1] 这句话本来是法国诗人拉马丁写的："一个让您思念的人，让一切都荒芜了。"——译注

第二本　1937—1939

᠊ᠭᠨ

卡利古拉。"我需要我四周的一切都静下来。我需要一切都沉默下来，然后我心里头那些可怕的扰攘都不要再发出声音了。"

᠊ᠭᠨ

15.

苦役场。参见报道。

᠊ᠭᠨ

开会。铁路局的老工人，仪容整洁，胡子刮得很干净，手臂上一件小心翼翼地将苏格兰绒衬里折在外面的雨衣——皮鞋还上了油——在问开会地点"是不是这里"，然后跟我说他每次一想到工人的前途就会非常担心。

᠊ᠭᠨ

医院里。医生断定只剩五天可活的肺结核患者。他决定抢先一步，用剃刀先割了自己的喉咙。他没办法等这五天，显然。

一个记者来采访。"不要把这个登在报纸上吧！"那男护士说："他吃的苦头已经够多了。"

‿

一个爱着这世间的男人和一个爱他并非常确定可以跟他永生相守的女人。两人对爱的尺度并不相同。

‿

死亡和作品。临终前,他让人念了他最后一部作品。但这仍不是他想说的。他叫人拿去烧了。他于是含恨而死——胸口有个东西碎了,像根断掉的弦。

‿

星期天

山中的暴风雨让我们无法前进、无法喊叫,只能听见狂风怒号。整座山林从下到上都在扭动。山谷上空,红色的蕨类从这山飞到那山。还有那只美丽的橘色的鸟。

‿

那外籍兵在一家餐馆的后间把情妇杀了的故事。他拽着尸体的头发走进膳厅,还走到街上去,在那儿被捕。他在那家餐馆有些股份,老板不让他带情妇来。她还是跑来。他要赶她,可她不依。因为这样他就把她杀了。

第二本 1937—1939

꧁꧂

火车上的小情侣。两个都长得不好看。她拉着他，笑吟吟的，撒娇，撩拨他。而他，两眼无神，因在大庭广众之下被一个他并不引以为傲的女人爱着而感到尴尬。

꧁꧂

两个"上流社会"的老记者，在警察局吵起来。旁边围了一圈看笑话的警员。老人生起气，没办法用拳头表达，只能化为一连串令人叹为观止的脏话："臭大便"、"王八蛋"、"烂屎"、"皮条客"、"死龟公"。

"我，我还知道要爱干净。"

"跟我比，你还差得远。"

"没错，差很远很远。你这人当王八只能排倒数第一名。"

"你再说一次，我就让你头破血流，拿鞋㧴你屁眼。"

"你那点娘力，我用龟头戳戳就破。因为我这人还晓得爱干净。"

꧁꧂

西班牙。那人去了党部。想参加。盘问之下，原来是因为一些个人情感的不顺遂。没有人要他。

人的一生中，有一点点的大情大爱和很多很多的小爱小情。如果可以选择：两种人生和两种文学。

❦

但事实上，这是两头怪兽。

❦

男性之间会有的那种乐趣。那种很微妙的，只是借火或帮对方点火的动作——某种默契、某种香烟的共济会。

❦

P 说自己随时可以送出"一幅怀孕圣母的袖珍画，镶在斗牛士的锁骨做成的相框里"。

❦

营房的海报："酒精浇灭了人性，点燃了兽性"——让他明白了自己为什么喜欢喝酒。

❦

第二本　1937—1939

"这世界对那些毫无人性的禽兽来说，就像一个华丽的牢笼。"

～

在我最美好的经验中，有好几段是跟让娜有关的。她常对我说："你真傻。"[1]她用的就是这几个字，边说边笑，通常她会这么说表示她最爱的是我。我们两个家里都很穷。她家住在中央街上，跟我家就只隔几条街。我们两个，谁也走不出这个总是会把你拉回来的贫民窟。她家中的愁云惨雾和凌乱肮脏，跟我家里的一模一样。我们会在一起，无非就是想逃离这一切。然而，过了这么多岁月，此时此刻当我再回头去看当年她那张疲惫的孩子脸，我知道我们根本摆脱不了这种悲惨的人生，而事实上，就是因为在这样的阴影下相爱，我们才能够拥有如此强烈的、如今用再多代价也买不到的情感。

我想我当年失去她的时候，曾经非常痛苦。但我却没有表现出任何的抗拒。那是因为我对自己的拥有从未感到理所当然吧！我总是觉得事后追悔比较容易。而尽管我自己心里很明白，但我还是会一直忍不住觉得和当年那个踮起脚尖抱住我脖子的让娜比起来，今天她在我心里的分量大多了。我忘了我们

---

[1] 这一段是让娜这个人物的第一次出现。她在《鼠疫》一书中是格朗（Grand）不安于室的妻子。这一段后来几乎原封不动地出现在《鼠疫》的初稿中，叙述者是史蒂芬（Stéphan），一个多愁善感的教师。——原编注

是怎么认识的。却记得我去她家看她。她父母亲看到我们笑咪咪的。她爸爸是个铁道工人，如果没出去在家，你就会看到他总是坐在一个角落里，心事重重，看着窗外，两只巨掌平放在大腿上。她妈则总是在做家事。让娜也一样，不过看着她那么轻松又嘻嘻哈哈的，我从来不觉得她正在工作。她身材算中等，但给人的感觉很娇小。每次我看她在那些卡车的虎视眈眈下过街，那么纤细那么轻盈，心里就会有点难过。如今，我也承认她可能不是很聪明。可是当年我根本不会去问这个问题。她假装生气的样子很特别，会让我在心里陶醉得热泪盈眶。还有我只要一想起从前我每次跟她低声下气，她那个转过身来扑进我怀里的小动作，胸中这颗已经封闭多年的心还是会感动不已。我现在不记得当年是不是对她有过欲望。我想一切都混在一起了。我只知道那些让我心旌动摇的，最后都化成了温柔。如果我想要过她，她头一遭在她家走廊上因为我送她一个别针而吻我的时候，我就忘记了吧！那天晚上她那头全往后梳的秀发、不是很对称的嘴型和有点太大的牙齿、蓝色的眼睛和直挺挺的鼻子，让我觉得她好像一个我特别生下来疼爱的小孩。这个印象持续了好长一段时间，对这点，老爱叫我"大朋友"的让娜功不可没。

我们共同有过一些很特别的快乐时光。我们订婚时，我22，她才18。但让我们心里充满庄严喜悦之情的，是事情那种

第二本　1937—1939

已经被公认的性质。于是让娜可以来我家做客，妈妈会吻她，叫她"我的孩子"。这些都是有点可笑，但我们也从来不会去掩饰喜悦。不过，我对让娜的记忆，今天已经和一个我觉得无法形容的印象连在一起了。当时的情境还历历在目，只要我有点低潮，并在几分钟之内连续碰到一张让我动容的女人脸跟一扇亮晶晶的商店橱窗，我就会又看见——而且真实得令人痛苦——让娜向我仰起她的脸蛋并对我说："好美喔！"那是年底过节的时候。我们这一区的商店既没少点灯也没省布置。我们在那些糕饼店前停下脚步。巧克力做的小玩偶、金纸银纸糊的假石假山、脱脂棉做的雪花、金色盘子和七彩糕点，全令人看得心花怒放。我开始觉得有点惭愧。但我没有办法抑制心里那种盈满的喜悦，让娜的眼睛也因而闪闪发光。

今天，如果我试着去把这独特的感动说清楚，我可以从中看到很多东西。当然，这样的喜悦首先来自于让娜——来自于她身上的香水味，她紧紧扣着我手腕的手，一些我可以预期的表情。但还有那些突然光芒四射的商店，在一个平常伸手不见五指的城区里，行色匆匆，手上提着大包小包的行人，街上孩子的欢笑声，一切都有助于把人从他原本的孤独世界里拉出来。那些夹心巧克力的银色包装纸就是一种征兆，意味着一个模糊却嘈杂的黄金时期，正在向一些简单的心灵打开，于是让娜和我又依偎得更紧了。也许当时我们都模模糊糊地感觉到了那种独一无二的、当一个人跟自己的人生终于取得妥协时的幸福。通常是我们在一个爱已无立足之地的世界里，带着那片被我们用爱情施了魔咒的沙漠到处游走。而在那几天里，我们觉得当我们手牵手时，心中升起的那把热情，和在橱窗里、在对儿女牵肠挂肚的工人心里，以及在这12月冰冻而纯净的天空深处闪烁的，是一样的火焰。

☙❧

12月

反过来的浮士德。年轻人向魔鬼要这个世上的珍宝。魔鬼（穿着运动装，得意扬扬地宣称冷嘲热讽是智者最大的诱惑）轻轻对他说："但这个世上的珍宝你已经有了。你应该去找上帝，跟祂要你没有的——如果你觉得你还少点什么的话。你就跟祂讲条件，为了得到另外一个世界的珍宝，你可以把身体卖给祂。"

沉默半晌之后，魔鬼点了一根英国制香烟，又说："而这将是你的永罚。"

☙❧

彼得·沃尔夫。从集中营里逃出来，杀了一个卫兵，成功地越过边界。逃到布拉格，试着在那边重新生活。慕尼黑协

第二本 1937—1939

定[1]后,被布拉格政府引渡。落入纳粹手中。被判死刑。数个钟头后以斧头处决。

～～

门上写着:"请进。我上吊了。"人进去一看,果然如此。(他自称"我",可他已不再是"我"了)[2]

～～

爪哇舞。慢条斯理,印度舞蹈的原则,伸展。整个运动中那些如繁花盛开的细节处。好似建筑中的细部累积。层出不穷的手势。没有一丝急促,水到渠成。那已经不是什么动作或手势了,而是一种分有(participation)。

除此之外,是某些战舞中以跳跃展现出来的戏剧性。在配乐中使用一些无声的片段(伴奏不过是种虚有其表的音乐)。配乐在此处并未勾勒出舞步的轮廓。它只有衬底的作用。它就像动作和音乐的糖衣。它在身体及其那难以察觉的几何形状四周淌流。

---

[1] 慕尼黑协定:原文作 l'annexion de Munich,应指慕尼黑协定后,希特勒并吞捷克一事。——译注
[2] 关于《鼠疫》的笔记。在初稿中,上吊的是史蒂芬,后来改成科塔尔(Cottard)。——原编注

（跳猎头舞的奥赛罗）

〜

《婚礼集》的结尾。

大地！这座被众神弃置的雄伟庙宇，人的任务就是在里面放满按照他的形象做成的偶像，那难以形诸笔墨的模样，爱做的脸和泥做的脚。

……这些象征喜悦的可怕偶像，爱做的脸和泥做的脚。

〜

君士坦丁[1]那个三度连任的议员。投票那天，到了中午他就死了。傍晚，有人来给他欢呼。他的妻子走到阳台上，说丈夫有点精神不济。

不久之后，这副尸体又当选为议员。这也是应该的。

〜

关于荒谬？

绝望只有在一种情况下是纯粹的。那就是死刑犯的处境（请大家容许我在此做个小说明）。各位可以去问一个失恋的

---

[1] 君士坦丁：阿尔及利亚东北部的大城市。——译注

第二本 1937—1939

人,愿不愿意明天就上断头台,他绝对不会愿意。因为怕被砍头吗?当然,而且这里的害怕是因为非常确定——或不如说因为那个构成此一确定的数学元素[1]。荒谬在此是一清二楚的。它和不理性刚好相反。荒谬具备了一切理所当然的征兆。所谓的不理性,或注定变成如此的,是那种短暂且奄奄一息的希望,但愿这些都即将结束,愿自己终能免于一死。但荒谬却不会这样。显而易见的是人家就要来砍他的头了,而且是趁他还神志清醒之际——甚至是当他全部的意识都集中在这上面时,人家要来砍他的头。

基里洛夫[2]说得没错,自杀可以证明他是自由的。而要解决他的自由问题,其实也很简单。人都有一种幻觉,认为自己是自由的。死刑犯却没有这样的幻觉。问题就出在这个幻觉的实在性(réalité)里面。

之前:"这颗心,这个已经陪伴我这么久了的小声音,要怎么想象它就要停止跳动,要怎么想象这个,尤其是在那一刹那间……"

"啊!苦役监狱,苦役的天堂。"

(母亲:"现在他们把他还给我了……看看他们做的好

---

[1] 这一段后来在《局外人》和《西西弗斯神话》中都有用到。——原编注
[2] 基里洛夫是陀思妥耶夫斯基小说《群魔》中的一个角色。——译注

事……他们把他切成两块还给我。"）

"我后来再也没有办法睡了，顶多白天睡一点，夜里就耐着性子等曙光亮起，这意味着新一天的到来。我知道他们都会在某个不确定的时刻来……这时我就会像头野兽……然后，我还有一天可以活……

我会算。我想让自己冷静下来。我已经提出上诉了。而且我都会做最坏的打算：如果上诉被驳回，那我就得死了。可能还会比别人早死。每次一想到死，我就会觉得活着很荒谬。反正人都是会死，管他什么什么时候还是怎么死的。我只能接受。想到这里，我觉得我也有权利去做第二种假设：如果他们给我特赦。我会尽量去让身体里面那股让我喜极而泣的热血澎湃不要那么激狂。我会把这个呐喊的音量压到最低，好让我在第一个假设中的认命态度感觉更可信。但这有什么用。黎明又来了，跟着是不确定的时刻……

……他们怎么来了。天明明还没亮。他们比平常早。我上当了。我我跟你们说我上当了……

……逃吧！把一切都打破。然而，我还是一动不动。香烟吗？有何不可。多少拖延一下。但他竟乘机也把我衬衫领子剪了。乘机。刚好抽一根烟的时间。我一点时间都没赚到。我跟你们说我上当了。

……这个走廊怎么这么长，而且这些人怎么走得这么

第二本 1937—1939

快……希望人来得多一点,希望他们用叫嚣怒吼来欢迎我。希望人来得多一点,希望不要只有我一个……

……我觉得好冷。怎么这么冷。他们为什么让我穿着衬衫呢?说真的,这些都不再重要了。我再也不会生病了。这个痛苦的天堂,再也不是我的了,我失去了它,还有那咳得魂飞魄散的快乐,或在亲人的注视下被癌症啃噬得不成人形的喜悦。

还有这片没有星光的天,那些没有点灯的窗,和这条万头攒动的街,以及那站在第一排的男人,而且这人的脚……"[1]

—终—

❦

荒谬。葛维奇[2]。绝望论。领导人的权力……

❦

默尔索。

卡利古拉。

《沿海地带》(Rivages)的剧场专辑。找出场面调度。密凯

---

1 《局外人》里的一段。——原编注
2 葛维奇(Gurvitch):是加缪同时代的社会学家。著作有《德国哲学时下趋势》(Les tendances actuelles de la philosophie allemande)和《社会学论文》(Essais de sociologie)。——原编注

尔[1]设计图讲评。前言。跟剧场有关的一切。

萨尔茨堡的密哈贝勒公园。

在布阿拉里季堡巡回公演的剧团。

                                            ∽

1939 年

让我燃烧的休息时间。会让人燃烧的不只有喜悦而已。还有无止尽的工作、无止尽的婚姻或无止尽的欲望。

                                            ∽

工作顺序:

剧场研讨会。

读荒谬。

卡利古拉。

默尔索。

剧场。

《沿海地带》星期一在夏洛[2]那边。

---

1 密凯尔（Louis Miquel）：阿尔及利亚建筑师，加缪的朋友。1960 年和西姆内（Simounet）共同为奥尔良维尔（Orléansville）设计了"加缪青少年娱乐中心"。——原编注

2 夏洛（Edmond Charlot）：是第一个帮加缪出书的出版社老板。当时加缪也为夏洛办的期刊《沿海地带》当主编。1939 年该期刊一共出了两期。——原编注

第二本　1937—1939

上课。

日记。

❧

2月

有些生命不会被死亡吓到。它们早就做好准备了。它们会去考虑到这件事。

❧

一个作家的死会让我们去夸大其作品的重要性，同样地，一个人的死也会让我们高估他在人群中的位置。就这样，死构成了过去的全部，在里头装满了幻觉。

❧

无法忍受和现实起冲突的爱，不能算是爱。但这样一来，不能爱就成了那些高贵心灵的特权。

❧

小说。这些在夜里的，肩并肩的谈话，这些说出来的心事，没完没了……

"而这种等待的人生。我等着晚餐、等着睡意。早上醒来的时候，我会隐约觉得有点希望——希望什么？我不晓得。起床之后我又开始等吃午餐。就这样一天过一天……不停地跟自己说：现在要上班了。现在要吃午餐了，现在又要上班了，现在自由了——至于生命中的这个需要想象的空白，这个我们想象中的，让你痛到非叫出来不可的空白……"

"……寻欢作乐是为了第二天的重新出发——原来绝望和欢乐只有一线之隔！我们回过头去看这两天。它们曾是那么美好，上面都是泪珠。"

阿尔及利亚，一个既拘谨又毫无节制的国度。拘谨的是它的曲线，毫无节制的是它的光线。

"下士"之死。见报纸新闻。

书店里的疯子。见报纸新闻。

悲剧是一个封闭的世界——人在里头会互相跌撞得鼻

青脸肿。在剧场中,悲剧只能在舞台有限的空间里诞生跟死去。

⁂

参考斯图尔特·穆勒[1]:"当个不高兴的苏格拉底要胜过当只心满意足的猪。"

⁂

这个充满阳光的早晨:温暖的街道上到处都是女人。每一个角落上都有人在卖花。还有那些少女微笑的脸庞。

⁂

3月

"我走进这个头等车厢,明亮又温暖,我把门带上,窗帘放下来[2]。然后,一旦坐下,在这股突然袭来的出奇安静之中,我有种被解放的感觉。首先挣脱的是过去这些上气不接下气的日子,还有这种想要成为自己人生主宰的努力,这些艰困的情绪起伏。一切都平息下来了。车厢微微地颤动。夜雨在车窗外的

---

1 斯图尔特·穆勒(Stuart Mill,1806—1873):英国著名哲学家和经济学家。——译注
2 《快乐的死》中的一段。——原编注

淅淅沥沥，但在我听来更像沉默。接下来的几天，我什么都不用再想了，只要往前走就好。我成了时刻表、旅馆，还有那件等着我去完成的人道任务的囚徒。当我不再属于自己的同时，我也终于完全自由了。我于是心满意足地闭上了眼睛，心里觉得越来越平静，因为一个和平天地刚诞生了，里面没有暴君、没有爱，并且在我之外。"

ぞぐ

奥兰。开着红色天竺葵和香雪兰的小花园上面是米尔斯克比尔港。天气只好一半：有云也有阳光。和谐的地方。只要一大块天，就能让最紧张的心平静下来。

ぞぐ

1939 年 4 月

在奥兰叫人"速发哥"（sufoco）是种冒犯。被当成"速发哥"实在无法忍受。需要补救，而且是马上。奥兰人是很热血的。

一个地景不一定要很大才会壮观。有可能只是差了那么一点点而算不上伟大。这就是为什么阿尔及尔湾不伟大的关系，因为美得太过了。相反地，从圣塔克鲁斯（Santa-Cruz）看米尔斯克比尔，给人一种雄伟感。壮观得毫不温柔。

第二本　1937—1939

❦

奥兰的近郊，最后几间屋子再过去数公尺，就是一望无际、无人耕种的原野，亮丽地覆满了这个时节的金雀花。再过去，就是第一座殖民村了。没有灵魂，只有一条街通过，上面一座聊胜于无的音乐亭。

❦

高原区和吉贝那都（Djebel Nador）。

无边无际的麦田，没有树也没有人。只有一间土屋和一道看起来弱不禁风、走在天边棱线上的剪影。几只乌鸦和一片沉寂。教人不晓得要往哪里去——没有任何一处可以引起喜悦——或什么让人灵思泉涌的忧郁。这些土里能长出来的，无非是焦虑和贫瘠。

在提亚雷特，有几个小学老师跟我说他们"无聊得要死"。

"那你们无聊的时候都做什么？"

"喝酒。"

"然后呢？"

"去找妓女。"

我跟他们去了妓院。正在下雪。很细的雪，冰寒彻骨。他们全都喝得醉醺醺。一个看门的跟我要了两法郎的入场费。里面一个很大的厅，长方形，画着不知所以然的斜线条，黄黑相间。大家跟着一台电唱机的音响起舞。里面的小姐不美也不丑。

其中一个问："你来肏的吗？"

那男人有气无力地想给自己辩解。

"我，"那小姐说，"我很想要你那个给我来一下。"

出来的时候，雪还在下。放眼望去，又看到这个乡间。还是那么寂寥的一大片，只不过这次是白色的。

&

在特黑泽（Trezel）——摩尔人的咖啡馆。薄荷茶和谈话声。

那条有小姐的街叫作"真理街"。入场费是三法郎。

&

托尔巴（Tolba）打架记[1]。

"我人不坏，只是精力旺盛。爱到处走跳。那家伙就跟我说：'你是个男人就下车。'我跟他说：'何必呢！不要冲动。'

---

[1] 这一段后来被用在《局外人》，页45。我们可以发现加缪早年在笔记中所描绘的这类市井风格，已经很强烈地预示了《局外人》的写法。——原编注

第二本　1937—1939

他跟我说：'你不是个男人。'我听了就下去跟他说：'你最好别再闹了，不然我让你鼻青脸肿。''凭什么？'然后我就送他一顿。他倒下去。我要去扶他一把。他从下面还给我来了好几下。我就送他一记膝盖再踹两脚。他满头脸的血。我跟他说：'这样你够了没？'他说：'够了。'"

∽∽

动员令。

大儿子要走了。他坐在母亲的面前说："不会有事的。"母亲一言不发。拿起一张摆在桌上的新闻纸，先折一半，再折成四分之一。然后八分之一。

∽∽

车站里，来送行的人群。男人把车厢都塞满了。一个女人在哭。"我无论如何也没想到他会这么难过。"另一个："奇怪怎么大家这么急着去送死。"一个女孩在她未婚夫怀里哭泣，他则一脸凝重。什么都没说。烟雾，叫喊，杂沓。火车就开走了。

∽∽

女人的容颜、阳光和水带来的欢乐，都被他们杀死了。如果我们不愿被杀，就得挺住。我们正陷身在矛盾里。一整个世代的人都无法呼吸，活在一直淹到脖子上的矛盾中，一滴发泄的眼泪都没有。

这个不只是没有解决的办法，它甚至不算是个问题。

第三本
1939—1942

第三本　1939—1942

尽管普罗旺斯和意大利天空里的丝柏都是阴沉沉，然而在此地的艾尔凯达墓园里，这棵柏树上饱吸的金色阳光却艳澄欲滴。感觉上仿佛有一股黄金汁液，从这树的黑色心底涌上来，流过它每一根短短的树枝直到末梢，然后一条条长长的浅褐色就沿着那些绿油油的叶片淌下来。

〜

……就像有人动不动喜欢拿铅笔在书上画线，似乎这样可以显示出该读者很有品位、很有智慧的样子。

〜

欧洲和伊斯兰的对话。
——每当我们凝视着你们的墓园，并想着你们是怎么造坟的，我们就会打从心里生出一股悲悯之情、一种敬畏之心，有人竟然可以这样去呈现他们的死亡，并与之共存……
——……我们也是，我们有时候也会觉得自己很可怜。这样可以让日子好过一些。这是一种你们完全无法想象，甚至会觉得毫无男子气概的情感。然对此深有所感，却是我们之中最有男子气概者。因为我们所谓的男子气概，其实就是那些明智的人，而缺乏洞见的蛮力，我们不屑一顾。相反地，对你们来说，一个人的价值在于他有没有指挥权。

〜

战场上。人们评估着每一条战线各自的危险程度。"我的这条危险性最高。"在全面的沉沦之中，他们还能分高下。他们就靠这个渡过难关。

〜

——是啊！那个水肥工说，而且如果您见过"他们"在下面，在海军部队里，给他们做的厕所！让那些人用这样的厕所，真是糟蹋。

〜

女人糊里糊涂地跟丈夫过活。他有天去电台演讲。人家就让她站在一片玻璃后面，她可以看到他的人，却听不见他的声音。唯一确定的是他在比手画脚。这是她第一次从他的身体来看这人，看到有副血肉之躯的他，也看到了是个傀儡的他。

她离开他。"原来是只木偶，我还每晚让他骑在肚皮上。"

〜

第三本　1939—1942

戏剧题材。假面人。[1]

长期在外游历之后，他戴着面具返回家乡。整出戏都未见他将面具脱下。为什么？这就是这出戏的主题。

最后，他把面具摘下。戴面具其实也没什么原因，他只是想从面具下看出去而已。其实他可以一直就这样戴着。他感到快乐，如果这个字眼还意味着什么的话。然而因为妻子痛苦不堪，他不得不摘下面具。

"从前我是全心全意地在爱着你，但现在我只能照你愿意的方式来爱你了。不过看来你似乎宁可被轻视，也不愿爱得不明就里。这样的爱情有两大特色。"

（或两类型的女人。一种爱着戴面具的他，因为觉得新鲜有趣。但后来就会不爱了。"你用你的头脑在爱我。可是也要用你的下半身来爱我啊！"另外一种爱，根本不在乎他是否戴着的面具，而且会一直爱下去。）

由于某种特殊，但出于天性的反应，她开始去想象这个她所爱的男人为什么会痛苦的原因，而且专找最能伤害自己的那些。她已经太习惯不抱任何希望，以至于一旦她试着去理解这个男人的生命，她总是——而且也只能——从中看到对自己不利之处。而让他恼怒的，也正是这一点。

---

1 《误会》的第一份草稿。——原编注

✿

历史精神和永恒精神。一个对美有所感。另一个则是对无穷。

✿

勒·柯布西耶。"您明白吗？！艺术家之所以能成为艺术家，是因为某些时候他觉得自己不只是个人而已。"

✿

皮亚[1]和那些即将消失的文献。自愿性的分解。面对虚无，唯有享乐主义和不断的旅行。历史精神在此成了地理精神。[2]

电车上。那个已经半醉的男人过来跟我搭讪。"如果你是个男人，就给我二十块。你，你是个男人。你看，我刚从医院出来。今天晚上我要去睡哪？但如果你是个男人，我就去喝一杯，然后忘掉这一切。我很不快乐，我身边没有人。"

我给了他五法郎。他拉住我的手，注视着我，扑上我的胸前，号啕大哭起来。"啊！你是条汉子。你知道我在说什么。

---

[1] 皮亚：1938年加缪进入皮氏所创办的《阿尔及尔共和报》，开始他的记者生涯。二次大战后，皮亚入主《战斗报》(*Combat*)，由加缪担任总编辑。——原编注

[2] 《阿尔及尔共和报》因财务困难及左翼政治立场，致使创刊甫年余即遭查禁。皮亚是虚无主义的坚信者，加缪与皮亚交好，曾将散文集《西西弗斯神话》提献给皮亚。两人在《战斗报》时期因理念不合交恶。——译注

第三本　1939—1942

我没有人，你明白吗？没有人。"我下车后，电车又开走了，他留在里面，若有所失，还一直在哭。

∽

长年独自生活的男人，领养了一个小孩。把长期累积的寂寞全发泄在孩子身上。在他那封闭的世界里，和另外一个生命终日面对，他自觉是孩子的主人，一片大好河山的征服者。他虐待他、恐吓他，用任性和故意苛求让他惊惶失措——直到孩子逃跑，他又陷入孤独的那一刻。他噙着泪水，觉得自己无可救药地热爱着这个他刚失去的玩具。

∽

"我等着我们来到街上，她把脸向我转过来的那一刻。结果她让我看到的，是一张闪亮而苍白的脸，上面从脂粉直到表情，都被方才的吻给冲掉了。她的脸上一丝不挂。我一把欲火跟在她后面闷烧已经好几个小时了，但这还是头一遭我看到她的真面貌。我对爱的耐性终于得到了补偿。在这张我用双唇从她那层脂粉和微笑的保护膜里挖出来，有着雪色双颊和最苍白的嘴唇的脸上，我深深地掳获了她。"

爱伦·坡的四大快乐要件。

（一）户外生活。

（二）有人爱。

（三）放开一切野心。

（四）创造。

∽

波德莱尔："我们在人权宣言里面忘了两种人权：自我矛盾和一走了之的权利。"

同上。"有些诱惑强烈到只能视之为德行了。"

∽

断头台上，杜巴丽夫人："再一分钟，刽子手先生。"[1]

∽

1939 年 7 月 14 日——一年了。

---

[1] 杜巴丽夫人（1743—1793）是法王路易十五的情妇，法国大革命期间被送上断头台，据称她要被行刑前变得非常歇斯底里，不断地哀求刽子手再等一下。她这句相传中的最后遗言，后来成了存在主义人生焦虑的象征。——译注

第三本 1939—1942

❧

沙滩上,男人的双臂似被钉十字架般地平伸,在阳光下受刑。

❧

在皮埃尔身上,猥亵是一种表达绝望的方式。

❧

"那几年他很难熬,充满疑惑,等着结婚或随便什么都好——那时他就已经发明出一套证实自己为何失败和懦弱的出世哲学。"

❧

"他和妻子的问题在于,像他这样一个男人,可不可以一直活在这个女人的谎言堆里而不自甘堕落。"

❧

8月

(一)俄狄浦斯除掉了斯芬克斯,而且他之所以能为民除害,都要归功于他对人的认识。整个希腊世界都一清二楚了。

(二)但同样这个人,还是遭到命运无情的摧残,盲目逻辑之不可抗拒的命运。悲剧和易朽性之一无遮蔽的澄澈。

✧

见伊壁鸠鲁（散文）。

雅典卫城附近的阿格萝窟（grotte d'Aglaure）。每年会脱一次衣服的密涅瓦[1]雕像。也许所有的雕像都是这么穿着衣服。希腊裸体是后人发明的。

✧

雅典有一座专门祭老的庙。大家都会带小孩去参观。

克雷苏斯（Crésus）和加伊洛埃（Kallirhoe）（剧本）。[2]

男主角牺牲后，女主角也牺牲了。因这样的爱情付出而自戕。

✧

诸神化身为乞丐，求取施舍的传说。这样的故事很造作。

✧

---

[1] 罗马神话里的智慧女神，相当于希腊神话里的雅典娜。——译注

[2] 这里指的无疑是克瑞索斯（Corésos）和卡利洛厄（Callirhoé）的故事。卡利洛厄是卡吕冬王之女，为酒神祭司克瑞索斯所爱，但她拒绝了后者的追求。酒神于是迁怒卡吕冬国居民，让他们全部发狂。多多纳（Dodone）神坛降下的神谕指示，必须杀卡利洛厄献祭。克瑞索斯宁自杀以代。如此深爱感动了卡利洛厄，乃至不愿独活。——原编注

第三本　1939—1942

在西锡安,普罗米修斯骗了宙斯。两张牛皮,一张里面包着肉,另外那张包着骨头。宙斯选了后面那张。就因为这样不许人类再继续用火。低级的报复方式。

&ca;

制陶师傅地布塔德（Dibutades）的女儿,爱上了一个年轻人。用尖刀在墙上描出他的侧影轮廓。这画被她父亲见到了,因而发明了希腊陶瓶上的装饰风格。爱情是一切事物的开端。

&ca;

在哥林多,有两座盖在一起的神庙:一座崇拜的是暴力,另一座是必然性。

&ca;

迪美托斯（Dimétos）对他上吊的侄女有某种罪恶感。在细沙沙滩上,微微的波浪漂来了一具美如天仙的年轻女人尸体。迪美托斯见到了,跪下去,无可救药地陷入了热恋。然而眼看着这具美丽的尸体逐渐发黑发臭,迪美托斯也发狂了。这就是他侄女的报复,亦象征着某种有待界定的人类处境。

&ca;

在阿卡迪亚（Arcadie）的帕龙雄（Pallantion），有座"纯神"的祭坛。

～

我很愿意为她死，P 说。但就是她别来要求我活下去。

～

1939 年 9 月。战争。

大家都急着找阿尔及尔一个有名的大夫动手术，因为怕他会被动员。

加斯东："重要的是，被动员之前我还有时间找到一个好缺。"

车站月台上，一位母亲对着一个年轻的预备役军人（30岁）说："小心一点。"

电车上："波兰不会任人宰割的。"

"'反柯梅坦'（anti-comertin）[1] 协定根本已经不存在了。"

"希特勒那种人，你给他一根小指头，不久就得把整条裤子脱下来。"

市场上：你们知道吗，星期六，答案就揭晓了。

---

[1] 此处的 comertin，疑为共产国际（comintern）之误，1936 年德日曾签署防共协定，后陆续有多国加入。——译注

第三本 1939—1942

——什么答案？

——希特勒的答案。

——那又怎样？

——那我们就知道会不会打起来了。

——如果这不叫不幸的话！

车站里，有员工被预备役军人打耳光："躲在后方的懦夫！"

✿

战争爆发了[1]。战争在哪里？除了那些该相信的新闻和该看的布告，哪里去寻找这个荒谬事件的蛛丝马迹？它不在这片蓝天碧海上、不在那些知了的长嘶中，也不在丘陵上的柏树里。战争更不是阿尔及尔街道上那种光线的活蹦乱跳。

人们愿意相信有战争。到处寻找它的脸孔，但它拒绝露面。这个世间是唯一的王，它的每一张脸都容光焕发。

曾经那样痛恨这头野兽，知道它就在眼前，却不知如何去指认。日子几乎是照常在过。再过一阵子，泥巴、血流和说不出的恶心，肯定就会接踵而来。但今天只让人觉得战争和和平一开始其实没什么两样：同样受到这世间和人心的漠视。

---

1 加缪后来本想把这一段用在《鼠疫》的前面数章中，不过最后还是放弃，另外换一种写法。——原编注

加缪手记 第一卷

❧

……将一场可能导致哀鸿遍野的战争的开头几天,当成是那些最幸福快乐的日子来记忆,两者都是特殊而具有启发性的遭遇……我一直试着证明我的反战有理,但到目前为止,还没有一项事实可以拿来做根据。

❧

有些人为爱而活,有些人为活而活。

❧

我们总是夸大了个人生命的重要性[1]。太多人活着不晓得该做什么,以至于即使不让他们活下去,也不一定就是不道德。另一方面,一切都有了新的价值。但这已是老生常谈。这场灾难基本上是荒谬的,但它还是发生了。它把生命里那种又更加深刻的荒谬推而广之。让荒谬变得更直接、更确实。如果这场战争能对人产生什么作用,那就是加强了他对自身存在的看法和判断。一旦这场战争"存在"了,一切无法将它纳入的判断都是谬误的。一个会思考的人,通常无时无刻不根据最新

---

[1] 这条和前面一条的意思重复。这两条笔记本来是并在一起的。——原编注

第三本 1939—1942

的例外状况，来修正自己对事物的看法。真相，或说人生给我们的教导，就是藏在这种习性、这种思想的扭曲和这份有意识的修正里。这就是为什么，尽管这场战争如此地可鄙，还是不可以置身度外。首先当然是对我这种愿意把生命押在死亡上而毫无畏惧的人而言。再来就是那些走向这场令人发指的大杀戮，那些我觉得皆是手足同胞的无名氏和认命者。

❧

冷风从窗户钻进来。

妈妈："天气开始变了。"

"是。"

"该不会整个战争期间都要管制灯火吧？"

"有可能。"

"那今年冬天会很冷清。"

"对。"

❧

那些鼓吹抵抗和那些倡导和平的人，全都背叛了我们。他们在那儿，跟其他人一样顺从，却更该死。面对这座谎言制造机，作为个体的人从未像今天这么孤单过。他还可以藐视，怀着他的鄙夷来战斗。如果他没有权利旁观、没有权利看不起的话，他也还可以判断。什么都离不开人性，还有群众。以为可以背离这两者的，就是在背叛。人都得一个人面对死亡。大家都会孤单地死去。但一个人在这点上至少有藐视的权力，并在这可怕的考验里选择有助于彰显他个人的东西。

接受每一项考验。但矢志在最不高尚的任务里只行最高贵的事。而尊贵的根本（真正的、心灵的尊贵）是藐视、勇气和深深的漠然。

࿇

那些具有创造、爱和赢赌天赋的人，也是需要和平环境的人。但战争告诉我们，如何失去一切并变成我们本来不是的那种人。一切都成了格调的问题。

࿇

我梦见我们打赢了，开进罗马城。我想到那些入侵永恒之城[1]的蛮族。而我就是野蛮人的其中一个。

࿇

调和作品中的描述性和解释性。让描写重获它真正的含

---

[1] 永恒之城（la Ville Eternelle），罗马的别称。——译注

义。当只有白描时,虽精彩却不感人。这时只要让人感觉到我们的限制是刻意设下的。限制于是消失,而作品也有了"回音"。

❦

"一来,"那个被传唤到退役委员会[1]去的退役军人说,"我是觉得很无聊。再来就是,我已经听了太多闲言闲语。'你还没走啊?''你还在啊!'在我们那栋大楼里,一共四十四个男人。我是唯一留下来的。所以我都天黑了才回去,一大早就出门了。"

❦

另外一个去做了胃部 X 光检查的退伍军人:

"他们至少让我喝了三公升的石灰水。从前我拉的屎是黑的,现在变白了。这就是战争。"

❦

---

[1] 当时加缪尽管已经持有退役令,但还是希望入伍,可能因此而和退役委员会有所接触。——原编注

9月7日

　　大家都会问战争在何处——那种惨不忍睹的场面在哪里？然后意识到自己其实知道答案，战争就在我们心里。战争对大部分的人而言，是那份不自在，那种被迫做出的选择。选择出征的后悔自己勇气不足不敢缺席。选择缺席的则自责不能和其他人同生共死。

　　战争在此，真真切切，而我们还在蓝天里、在世间的不仁中遍寻它。它就在身为战士和非战士的可怕孤寂里，在人人感同身受的屈辱和绝望里，在那种随着日子流逝，人们脸上愈来愈明显的卑鄙和龌龊里。牲畜横行的时代开始了。

✥

　　我们在众生身上已经可以感受到这股愈来愈高涨的仇恨和暴力。他们心中的纯真已荡然无存。再也没有什么是无价之宝了。他们的想法都一样。路上碰到的都是禽兽，一些看起来很像动物的欧洲脸。这个令人作呕的世界和这股全球风行的昏庸愚昧，勇气变得微不足道，伟大可以仿冒，荣誉感逐日式微。

✥

　　看到某些人的尊严竟然可以这么轻易就垮掉，实在让人目瞪口呆。但想想也是无可厚非，这里所谓的尊严，在他们身上

第三本　1939—1942

只能借着不断勉强自己违反本性来维持。

❧

只有一种宿命,那就是死,除此之外别的都不叫宿命。一个人从出生到死亡的这段时间,没有什么是不变动的:我们可以全部重新来过,甚至停止这场战争,甚至,如果有哪个愿意的话,天长地久地和平相处下去。

❧

规则:首先要去看每个人身上有什么长处。

❧

葛罗图森[1]论狄尔泰[2]:"由于认识到吾人存在之零星特性,以及每个单一生命过程会碰到的偶然性与限制性,我们于是开始在众多生命的集合体里,寻求那种我们无法在自身中找到的东西。"

❧

---

[1] 葛罗图森(Groethuysen, 1880—1946):德国哲学家,纳粹兴起后移居法国归化法籍,是狄尔泰的学生。——译注
[2] 狄尔泰(Dilthey, 1833—1911):德国哲学家。——译注

如果荒谬被推到顶端（应该说是一旦被揭穿），那就再也没有任何经验是具有价值的，而所有行为背后的意涵也无高下之分了。意志不算什么。接受，一切。如果在最卑微或最痛苦的情况下，人仍然"在那儿"神智清醒地忍受着，不愿投降的话。[1]

☙❧

　　尽管是为了摆脱他人的愚行或暴行，但离群索居的想法总是无益的。我们不能说"我不知情"。如果不愿同流合污，就要起来反抗。没有什么比发动战争和挑起民族仇恨更不可原谅的。然而一旦战争爆发了，借口事不关己而欲置之度外是无意义且懦弱的做法。象牙塔已经倒塌了。对他人和对自己都不可以逆来顺受。

　　置之度外地去评断一件事是不可能且不道德的。唯有深入此一荒谬的灾难中，我们才能保有藐视它的权利。

　　个人做出什么样的反应，其实一点都不重要。它也许可以有点用处，但绝对不能证明什么。基于一种放浪的心态而看不起自己的环境，和它划清界限，证明的只不过是一种最微不足道的自由。这就是为什么我必须想办法入伍。如果他们不要我，

---

[1] 对《西西弗斯神话》构思。——原编注

第三本　1939—1942

我也必须接受当一个死老百姓的处境。但无论哪一种状况，我都可以坚持我的判断和毫无保留的反感。无论哪一种状况，我都处于战争之中，有权对其加以判断。加以判断并采取行动。

※

接受。譬如，在坏的里面看到好的。如果他们拒绝让我入伍参战。那就是因为我注定只能站在旁边。一直以来，就是在这种为了可以在某些特殊状况下当个普通人的奋斗中，我花的力气最多，也觉得自己最有用。

※

歌德（对艾克曼）说："当时如果我想恣意放肆，只要跟我周围的那些人一样，就可以把自己给彻底毁了……"
学会自制最重要。

※

歌德说："他很宽容却不假宽贷。"

※

普罗米修斯——革命性的理想
"那些杀不死我的会让我变得更强壮。"（尼采）

"体系的意志缺乏光明正大。"(《偶像的黄昏》)

"悲剧性的艺术家不是一个悲观主义者。对那些有问题和可怕的事物,他来者不拒。"(《偶像的黄昏》)

战争是什么?什么都不是。所以当兵还是当百姓,参战还是反战,根本没什么差别。

尼采眼中的人。(《偶像的黄昏》)

"G.构想出一种强人,知识渊博,对实际生活中的每一样事物皆驾轻就熟,很有自制力,又能尊重自我的个体性,能够大胆地尽情享受大自然的丰美与浩瀚,有足够的力量面对自由;有着宽大的胸襟,但并非由于软弱,而是力量的展现,因为他还晓得如何从那种凡夫俗子所谓的损失中获得利益;对这种人来说,再也没有什么是不可以的了,但懦弱除外,无论它是出于恶意或善意……这样一种被解放了的精神,出现在世界的中心,在一种快乐且信心十足的宿命论中,这种理论坚信,除非是特例,不然没有什么是可谴责的,它相信一般而言一切

第三本　1939—1942

都有答案并能获得证明。它不再否定（Il ne nie plus）……"

❧❧

又来一个障碍？只能去克服了。但这样的疲于奔命并非毫无感伤。我们难道不能至少避免掉这一个吗？但这样的软弱心态也是需要克服的。如此就不会有漏网之鱼了。有天晚上你靠近镜子一看，发现嘴唇上出现了一条较深的皱纹。那这又是什么？我就是用这个来累积我的快乐的。

听说阿尔弗雷德·雅里[1]临终前，人家问他要什么，"一根牙签。"他拿到牙签，放进嘴里，然后心满意足地死去。真是惨，大家只觉得好笑，却没有人看见其中可怕的教训。只是一根牙签，顶多一根牙签，就像一根牙签——这就是这个精彩人生的全部价值。

❧❧

"这孩子病得很厉害，"那中尉说，"我们不能收他。"我今年26，命一条，我知道我要什么。

❧❧

---

[1] 阿尔弗雷德·雅里（Alfred Jarry，1873—1907）：法国剧作家，超现实主义的先驱。——译注

波朗[1]也跟着一群人，在《新法兰西评论》上欢呼说，1939年的战争不是在1914年的那种气氛中开始的。一群天真的人，以为残暴永远长得一模一样，无法摆脱他们亲身经历过的那些景象。

⁓⁓

巴黎之春：某个预兆或栗树上一颗芽苞，人心就开始痒了起来。在阿尔及尔，春来得粗暴多了。这里不只是一颗玫瑰花苞，而是一千颗玫瑰花苞，在某天清晨，突然让你无法呼吸。在这里，我们不是被某种难以捕捉的热情闪过脑际，而是教千百种铺天盖地汹涌而至的香气和色彩贯穿全身。这里当道的不是敏感纤细，而是被突袭的身体。

⁓⁓

1939年11月

我们用什么去作战：

（一）用众所周知的那些

（二）用不愿出征者的万念俱灰

---

[1] 让·波朗（Jean Paulhan，1884—1968）：法国文学批评家和出版人，二次大战爆发时任文学杂志《新法兰西评论》（*N.R.F.*）总编辑。——译注

第三本　1939—1942

（三）用那些没人强迫他们上前线但因不想独自留下所以还是去了的人的自尊心

（四）用那些因为走投无路而自愿入伍的人的饥肠辘辘。

（五）用很多高尚的情操譬如

　　（a）同病相怜的团结心

　　（b）不愿表现出来的藐视

　　（c）无仇无恨

❧

路易十六之死。他拜托那个带他去刑场的人把一封信交给他的妻子。那人说："我是来带您上断头台，不是来给您听差的。"

❧

意大利的博物馆中，有那种上面画了图画的小遮板，神父拿来挡在死刑犯的面前，免得他们看见绞架。

是种存在性跃进，这小遮板。

❧

给一个绝望者的信

您来信说这场战争让您感到不堪负荷，即便当初您曾自愿要去送死的，但您再也无法忍受这样全面性的愚行、这么嗜血的怯懦和这般罪恶的，仍相信流血可以解决人类问题的天真。

我读着您的信，非常了解您的心情。我尤其明白这样的选择及这种自己很愿意死，但却痛恨看到别人去送命的矛盾心情。这证明了一个人的品格。有着这样品格的人，我们便可以与他交谈。事实上，怎么可能不感到绝望？虽然我们所爱者的命运常会遭到威胁。病痛、死亡和疯狂，但我们和我们曾相信的都还在。虽然那些我们以性命去捍卫的价值，也曾有崩塌的危险。但我们的命运和价值观从未整个且同时地遭受威胁。我们从未如此全面地被推向覆亡。

我了解您的感受，但当您决定把这绝望当成生活原则，认为一切皆无益并将自己藏身在您那深恶痛绝的情绪背后，我就不再明白了。因为，绝望是一种感觉，而非状态。您不能一直待在里面。而感觉也必须让位给一个见事较清明的视野。

您说："何况，要怎么办？我又能干什么？"但首先问题就不该这么问。显然您还相信个人的价值，因为您很能感觉到您周围和您自己本身的善。然这些人也不能做什么，而您则对社会感到绝望。别忘了，您早在这场大难发生之前就已经将这个社会放弃了，您和我早知道这个社会的末日就是战争，您和我都揭发过它，再者我们本来就不觉得自己和这个社会之间有什么共同之处。这个社会今天还是同一个社会。它已经走到了它的道德尽头。事实上，冷静地看待事情，您今天并不比1928

第三本　1939—1942

年更有理由绝望。确切说来，您现在的绝望程度跟当年是一样的。

仔细想想，那些1914年去打仗的，还更有理由绝望，因为他们了解到的事情更少。您会跟我说知道1928年和1939年一样令人绝望，对你一点帮助也没有。但这只是表面上的。因为您在1928年的时候并未完全绝望，不像现在，一切对您而言皆徒然。如果这对您来说并无不同，那是因为您的判断错误。就像每次当真相化身为现实，而非透过理性之光向您显现时，您就会搞错。您已经预见了战争，但您觉得可以阻止它。这就是您何以不至于全面绝望的原因。但您今天觉得自己什么都阻止不了了。这就是理性打死结的地方。

但首先应该要问您，是否您已经尽了一切努力来阻止这场战争。如果是，那这场战争可能对您来说就像无法避免，您大可主张不用再白费什么工夫了。但我非常确定您并没有想尽办法来阻止战争，总之，不会比我们之间的一个做得还多。您能力不足所以无法阻止吗？不，这么说是不对的。这场战争，您也知道，并非无法避免。只要凡尔赛和约能够及时修改。但它并没有被改过。这就是整件事的由来，而您也看得出事态大可有别的发展。但这个和约，或任何另外的理由，现在也都还可以修改。希特勒虽然很会说话，但我们还可以做一些努力，使得无人效忠于他。这些号召以牙还牙的不公义，我们还是可以严词以拒，并说服它们的追随者响应我们。还有一件有用的事可以去做：如果您认为自己身为一个个体已毫无影响力，我会把我先前的推论倒过来，然后跟您说，今天的个人影响力较诸1928当年既非更大亦非更小。此外，我也知道这个无用的想法让您很不舒服。因为我听说您一点也不赞许依良心拒服兵役的做法。而如果您不赞同这种做法，不是因为缺乏勇气良知。而是因为您觉得这么做根本没用。所以说您对有用没用已经有了自己的定见，完全可以理解我接下来要说的。

您可以做点事的，不要怀疑：每个人或多或少都有一个他可以发挥影响力的圈子。这可能是拜他的优点——或缺点——之赐。但无论如何，它就是存在，而且可以马上发挥功效。不必去鼓吹任何人起来革命。要爱惜他人的鲜血和自由。但您可以去说服十个、二十个、三十个人相信这场战争不是完全无法避免，而那些可以阻止它的办法，却还没有人去尝试，所以我们要把这件事讲出来，可以的话写出来，必要的时候甚至大声吼出来。接着这十个或三十个人，又会去跟另外十个人说，以此类推。万一他们因为发懒不愿出声，那就算了，再去找别的人。等到您在您的圈子里、在您的地盘上，把该做的都做了，那您就可以停下来，爱怎么绝望就怎么绝望。要知道我们可以对一般而言的生命意义感到绝望，但不能对生命的特殊形式、对存在本身感到绝望，因为这些都是我们无法改变的，然历史

第三本　1939—1942

却不在此限，个人在历史里什么都能。今天让我们去送死的，只是一些个人而已。那为什么别的个人就没有办法为这个世界带来和平呢？我们需要的只是起而行，也不用去想那么远大的目标。要知道，我们的敌人不只是主战派的狂热激烈，还有那些性灵反战派的万念俱灰。

✍

格林[1]在他的日记里抄道：

"不要畏惧死亡，这样就太给它面子了。"

✍

格林和他的日记。

记了太多的梦。用说的梦境总是让我觉得很无聊。

✍

福楼拜的朋友，勒·普瓦特万[2]之死。

"把窗户关起来！这实在太美了。"

✍

---

[1] 朱利安·格林（Julien Green，1990—1998）：美国作家，以十九卷的《日记》闻名于在法国文坛。——译注

[2] 勒·普瓦特万（Le Poittevin，1806—1870）：法国学院派画家。——译注

波尔多的大教堂。在一个角落上；

"伟大的圣保罗，请让我排进前十名。"

"伟大的圣保罗，请让他来赴约。"

༄༅

蒙泰朗引用了达布主教（Mgr Darbout）一句发人深省的话，作为《无用的服务》(Service Inutile) 一文的题铭："您的错误就是以为人来到这个地上是为了在这儿做些什么事情。"并从中归结出英雄主义可歌可泣的训示。但我们也能从中得出完全相反的结论，并据此印证第欧根尼和欧内斯特·勒南的作风。这样互相矛盾的生产力，只有伟大的思想办得到。

༄༅

总是被阿尔及利亚人对死亡的那种"开玩笑"的态度所冲击到。我觉得没有比这还合理的了。不用说，大家都知道这种通常在饥肠辘辘和满头大汗之间冒出来的事情，其本质有多荒谬。同样地大家也都非常清楚去贬损这件事已经够神圣的外表。基于恐惧的尊敬是最为人不齿的。就此而言，死亡也不会比尼禄皇帝或我们那一区的警长更值得尊敬。

༄༅

第三本　1939—1942

　　劳伦斯[1]："悲剧应该就像是对着不幸狠狠地踹上一脚。"（见其贵族共产主义）

　　同上："革命不应该是为了让某个阶级夺权，而是为了给生命一个转机。"

※

　　M。"人群并不是我的同类。他们只会注视着我，对我下判断；我的同类，是那些爱我、不会注意我的人，他们不顾一切地爱我、没有限期地爱我、不奴颜屈膝地爱着我、忠心耿耿地爱着我，而不是因为我做过或将要去做哪些事，他们就像我爱自己一样地爱着我——连自杀都不例外。"[2]

　　……"她（梅）是唯一和我一样拥有这份爱的，无论这爱是否完整，就像有人一起生了小孩，但孩子病了，随时可能死掉。"

※

　　荒谬人物。

　　卡利古拉。短刀和匕首。

---

[1] 劳伦斯（D. H. Lawrence，1885—1930）：英国小说家，最有名的作品之一是《查泰莱夫人的情人》。——译注

[2] 这里抄录的是马尔罗小说《人的处境》（*La Condition Humaine*）中京岛纪索（Kyoshi Gisors）的自白，当时他的妻子梅（May）已经向他坦承有了外遇。——译注

"我觉得前天我用祭司那把专门杀小牛的榔头把他打昏时,大家都不太明白我的意思。这其实很简单。就这么一次,我想不按常理来——反正就是想看看。结果我看到的,是一切都没有改变。观众席上有点骚动和惊惶而已。其余的,太阳还是同一个时间下山。我的结论是,太阳对常理不常理,根本无所谓。"

但为什么太阳不可能有天从西边出来呢?

∽

同上。托勒密。我派人把他杀了,因为没有道理让他去做一件比我的还漂亮的大衣。绝对没有这样的道理。当然,也没有任何理由支持我的大衣就该是最美的。但他并没有这样的意识,而我既然是唯一看得清楚的,占上风很正常。

∽

堂吉诃德和拉巴力士[1]。

---

[1] 拉巴力士(La Pallice)本是法王弗朗索瓦一世手下一名骁勇善战的将军,战死后部下作歌谣纪念他:"如果拉巴力士没死,他还能激发士气。"(S'il n'était mort il ferait encore envie),这句歌词后来被刻在他的墓志铭上。但因为古法文的"s"和"f"字形很像,乍看之下很像"如果拉巴力士没死,他就还活着"(s'il n'était pas mort, il serait encore en vie)。这个句子后来又被好事者谑为"他死前一刻钟时,他还活着"(Un quart d'heure avant sa mort, il était encore en vie)。现代法文里有所谓的拉巴力士真理(la vérité de La Pallice),指一种明显到根本无须说明的荒谬陈述句。——译注

第三本　1939—1942

拉巴力士——在我死前一刻钟，我还活着。这样我就够光荣了。但这样的荣耀竟还被人盗用。我真正的哲学是我死后一刻钟，我就不再活着了。

堂吉诃德——是的，我和那些风车打了起来。因为跟风车打或跟巨人打，根本没有两样。没有两样到很容易搞混。我有形上学上的近视眼。

～

《吠陀》。人在想什么，就会变成那样。

～

吉赛勒和战争。"不，我不看报纸。我感兴趣的只有天气状况，我星期天要去露营。"

～

"您知道，丰塔纳，这个世界最令我赞叹的是什么吗？那就是一定要留下什么东西的无力感。这个世界上有两种力量：军刀和精神。到最后，军刀一定会被精神打败。"——拿破仑[1]

---

[1] 这个引句后来被用在《夏》中《杏树》(*Amandiers*)一文的开头。——原编注

༄༅

路易十四——"我的孩子，您就要成为一个伟大的国王；不要模仿我对战争有过的那种嗜好。要以解除人民的痛苦为己任……我很惭愧自己没有能够办到这点。"

༄༅

特雷拉（Le Tlélat）[1]就像进入奥兰之前的一种准备。是一头栽进感官世界之前的朴质无华和无拘无束，是被打入美妙地狱之前的默想冥思。

要到奥兰去，可以白天坐车，也可以搭夜车。日间车的情况我不清楚。夜车的话，我知道车子在黎明之际会经过北河沟（Perregaux）那片沙沙作响的尤加利树林，然后在破晓时分抵达圣芭宝（Sainte-Barbe-du-Tlélat）。一个特雷拉平原上的小车站，有着绿色的窗板和一个大大的时钟……

……此刻，雨中的特雷拉平原……

……圣芭宝，作为无差别、评量和自由化身的您，请免除我们太仓促的抉择，让我们享有这名为朴实无华的完整自

---

[1] 从贝勒阿巴斯或埃利赞前往奥兰必经之地，位于奥兰东南方约三十几公里处，是一处植被相当稀疏的平原。——原编注

第三本 1939—1942

由。再过几分钟,就是奥兰了,沉重一如肉欲而无望人生。不动如山的圣塔克鲁斯[1]和米尔斯克比尔港边街上的茴香酒气味。辛特拉咖啡馆[2]里倒给客人喝的酒,是加了碎冰的"老神父家"[3]——奥兰女人的脚踝有点粗,出门也不戴头巾。圣芭宝,请让奥兰女人青春永驻,直到她们开始变老,然后用许多一模一样也喜欢在旧省府前那些树荫下散步的奥兰女人来取代她们。圣芭宝,请阻拦奥兰女人对阿尔及尔和巴黎的向往,告诉她们真理就是这个世界没有真理。您就像一座码头,我们可以在上面抽烟做白日梦,等着汽笛声响起,带着我们更深入内陆的风景。您知道我不是很虔诚的教徒,但如果我偶尔会如此,您也知道不是因为我需要上帝,而是因为有些时刻我想要选择虔诚,因为有辆火车要开了,而我的祷告没有明天。圣芭宝,您作为阿尔及尔—奥兰铁路上的一点,但更靠近奥兰,非常靠近奥兰,也是我这趟前往奥兰旅程的休息站。如此丰满又珍贵的您,如此入世又真心的您,请来当一个无信仰者的圣徒、一个无知者的顾问吧!几秒钟就好。

❧

---

[1] 圣塔克鲁斯(Santa-Cruz):一座位于奥兰西郊山上的堡垒。——译注
[2] 辛特拉咖啡馆(café Cintra):位于奥兰市豪宅华厦林立的伽利略大道上的一家咖啡馆。——译注
[3] 老神父家(les vieilles cures):波尔多右岸的瑟农市特产以多种香草酿制的利口酒。——译注

奥兰[1]。荒诞的城市。那儿的鞋店里展示着丑陋的石膏模型，都是扭曲变形的脚。那儿橱窗中的恶作剧道具旁边摆着红白蓝的三色钱包。那儿我们可以喝到非常香醇的咖啡，在泛着油光、台面洒了一层苍蝇翅膀和毛脚的吧台上。那儿他们会用有缺口的杯子来装你点的饮料。一个幸福国度里的幸福咖啡馆，小杯的十二毛，大杯的十八毛。在一间古董行里，一尊刻得很难看的木头圣母像，笑的样子有点猥亵，署名者是个没听过的名家。古董行老板似乎生怕顾客有眼不识泰山，还特别在雕像下面摆了个牌子："马亚（Maya）的圣母木雕"。照相馆里展示着各式各样令人惊奇的脸孔，从手肘撑在小桌上的奥兰水手，直到穿得怪模怪样、站在一片森林布景前的待嫁少女，更别提奥兰的真正土产：那种很体面的年轻人，头发往后梳得油光水滑，装饰着一张活像防空壕的嘴巴。

光看街上那些络绎不绝、并非十全十美但令人心动的年轻姑娘，就明白这个城市何以独一无二又亲切宜人。姑娘们脸上不施脂粉，喜怒哀乐全形之于外，就算要卖弄风骚，也根本藏不住，小伎俩一下子便露出马脚。

阿波罗咖啡，米罗家，许多小酒吧，船形电车，装了发条

---

[1] 这条笔记后来用在散文集《夏》中《牛头人身或奥兰之旅》（1939年）一文中。——原编注

第三本　1939—1942

的小毛驴玩具，身上靠着一幅16世纪的粉彩画，可以用来泡青橄榄的普罗旺斯水，有些花店里卖的爱国花束。奥兰是我们这块荒谬欧洲大陆上的芝加哥！

在岩块中开凿出来的圣塔克鲁斯，山峦、平海、狂风和骄阳，高耸的吊杆和这个城市的岩基上爬行的巨大坡道、电车、甲板和仓库——然而我们却很能感受到这其中有一种壮阔。

❧

我常听见奥兰人在抱怨他们的城市。"没有有趣的圈子！"呃，当然啰！你们自己不要的。某种不想提升的壮阔。这种壮阔的本性是贫瘠的。它让人无法突破自己的限制。忘了什么圈子吧！到街上去。（只是奥兰并不适合奥兰人）

❧

奥兰。卡纳斯提尔[1]和红色悬崖下静止的大海。两条昏昏欲睡的海角和浸泡在澄澈海水中的山脉。一阵细细的马达声传进我们的耳中。一艘海岸巡逻艇正悄悄地在晶亮的海面上前行，全身沐浴着耀眼的光芒。过度的漠然和美——无情和璀璨的力量在呼唤。原上，秋水仙的色彩高雅、花肉多筋。

---

[1] 卡纳斯提尔（Canastel）：位于奥兰附近的小村。——译注

༄༅

米尔斯克比尔港和开花的杏仁树林下小径；港湾的完美曲线——大小适中——海水宛如一片蓝色金属板。漠然。

同上。厂房上覆着瓦片。红的蓝的。事物的透明感。漠然。

༄༅

11 月

在当选教皇的博尔贾面前，一把用粗麻扎成火把被点燃了三次，以告诫这个世界的主人：尘世的荣耀转眼即逝。

他用一种"令人赞叹"的方式来执行正义。

༄༅

一个犹太灵媒让英诺森八世喝下掺了人血的人乳。

那不勒斯的斐迪南会把敌人们受尽凌虐的尸首拿去做防腐处理，好用来"装饰他的宅第"。

亚历山大[1]和卢克雷齐娅·博尔贾随时随地都会保护犹太人。亚历山大在亚速群岛和南极之间画了一条直线，把这个世界一分为二给西班牙和葡萄牙。这个世界就只值得这样。

---

1 指教皇亚历山大六世（Alexandre VI，1431—1503）。——译注

第三本　1939—1942

❧

根据布尔查德[1]

甘迪亚公爵被杀后，接下来就是他的儿子了。

亚历山大六世久久无法从一种剧烈痛楚的惊吓中回复过来。他眼神呆滞，凝视着那血迹斑斑、一动不动的尸身——然后把自己关进房里，有人听见他在低泣。

从星期四到星期六，他都不吃不喝，一直到星期天以后才能睡得着觉。

恺撒·博尔贾。身强体壮的他，突然有些"健康问题"，因为溃疡在床上起不来，"这道年轻的荣光里混进了不祥的预感"。于是在工作之外，他开始狂欢作乐。白天睡觉——晚上工作——"不当恺撒就什么都别当"[2]。

❧

11月29日

小说。他一事无成，而且会永远一事无成，因为他不能专心致志，因为他不晓得如何安排自己该做的事，而要想完成一

---

[1] 布尔查德（Burchard）：15世纪的一个教廷史官。——原编注

[2] 这句话是恺撒·博尔贾的名言，原文为 Aut Caesar aut nihil，因为他的名字和古罗马皇帝的头衔刚好是同一个词。——译注

件艺术作品，我们不得不……

　　这人可以完全从他的习惯来解释。他最致命的习惯：躺着不动。他实在没有办法不如此。然而他所自许、所渴望、所欣赏的，和这完全相反。他想要一部诞生于违反习惯的作品——他所采取的解决办法。

❧❦

11月29日

　　一个人唯有在对客观现实能够无动于衷的情况下，才有去追求大量且多样化的经验——尤其是在感官生活和任性纵情上——的合法性。

　　还有对物质的投入也是——而很多追求感官的人是因为已经成了感官的奴隶，才会这么做。秃鹰在此再次被拥抱。

　　所以说，通过某些测试，譬如守贞、严格律己，是绝对必要的。在建构任何宣扬直觉认知的理论之前，对各种感官享受禁欲一个月是必须的。

　　性欲的守贞。

　　思想的守贞——禁止渴望误入歧途，禁止企图一心多用。

　　对单一主题——持之以恒——进行冥思——拒绝其余。

　　固定时间工作——不断——信心坚定，等等，等等（亦为道德之苦修）。

第三本 1939—1942

只要有一点软弱,全盘皆败:实践与理论。

∽

亚伯特·德·埃斯特(Albert d'Este)在费拉拉建造了斯基法诺亚宫,用来"逃避无聊"。

埃斯特家族。

伊波利特(Hippolyte)叫人把他弟弟居勒(Jules)眼睛挖出来,因为他心爱的女人说:"爱居勒的眼睛更胜于伊波利特的身体。"

居勒和费南(Fernand)想杀掉伊波利特和阿尔冯斯·德·埃斯特(Alphonse d'Este)。事迹败露,获判死罪,临上绞架时被很残忍地免于一死。费南改判35年黑牢,居勒54年。费南最后死在牢里,居勒出狱时已经发疯。

阿尔冯斯·德·埃斯特命人将一尊米开朗琪罗的儒略二世塑像给熔掉,铸成一座大炮。

见巩札格·涂克[1]。"他们建设只为了自己,因为没有办法在作品前抹杀自我,没有办法谦卑地将作品当成是一种创世奥秘地收藏起来(?),赋予作品永恒的价值(?),他们在作品出生之际便已判了它死刑。这些人自己也只能留下一些傲慢而

---

[1] 巩札格·涂克(Gonzague Truc,1877—1972):法国文学批评家。——译注

遭人唾弃的名字。"正是如此。

☙❧

博尔贾书单。

维勒弗斯（Louis de Villefosse）马基雅维利与我们（1937年）

撒巴提尼（Rafaël Sabatini）恺撒·博尔贾（1937年）

贝洪思（Fred Bérence）卢克雷齐娅·博尔贾（1937年）

布鲁内（Gab. Brunet）活影（*Ombres vivantes*，1936年）

柯林森－莫雷（L. Collison-Morley）博尔贾史（*Histoire des Borgia*）

贝诺斯特（Charles Benoist）马基雅维利

布尔查德（Jean Burchard）的日记（*Journal*，特尔梅〔Turmel〕版，1933年），等等。

☙❧

1940 年

夜晚，在"两大奇景"的露天咖啡座上。

我们可以隐约听见海在夜深处的悸动。橄榄树的微颤和从地面冒上来的雾气。

冒出海面的岩石上立满白色海鸥。灰沉沉的一群，被翅膀

第三本　1939—1942

上的雪光照亮了，宛如一个个晶莹的漂冢。

⁂

小说。

故事在一片灼热而碧蓝的沙滩上展开，两个有着古铜色皮肤的年轻人——海水浴、浪花和日光的嬉戏——夏天夜晚，滨海公路上的果香和阴影深处飘来的雾气——轻衫中自由自在的身躯。吸引力，一颗17岁的心内的秘密微醺。

——在巴黎结束。寒冷，灰色天空下，鸽子在王宫院的黑石间盘旋，这城市及其光明，匆忙的吻，恼人而不安的温存，欲念和智慧在一个24岁的男人心中升起———句"继续当朋友吧"。

同上。另外一个在寒冷的暴风雨夜开始的故事，仰躺在地，在一片丝柏的中间，天上流动着星星和云；

——接着是阿尔及尔的山坡上，或宽阔神秘的港口前。

——悲惨又壮丽的卡斯巴[1]，欲将它所有的坟头都倒进海里的艾尔凯达墓园，石榴花间那两对炽热而无力的唇，一座坟墓——群树，山丘，爬上干燥而纯净的布札黑[2]，接着又回到海边，唇的气味和盛满阳光的眼。

---

[1] 卡斯巴（Casbah）是阿尔及尔的旧城区，已经被联合国列为世界文化遗产，但维护不善，里面许多传统建筑都有倒塌的危险。——译注
[2] 布札黑（Bouzaréah）：阿尔及尔西边近郊的小村，可以俯瞰阿尔及尔城。——译注

刚开始这并非出于爱,而是一种活下去的欲念。然而,在那座正方形盖在海的上面的大房子里,当这两副躯体结合在一起,于逆风登高之后紧紧相拥,听见大海那沉闷的呼吸声从地平线彼端传进这个与世隔绝的房间里时,爱情真的是如此遥远吗?在这个奇妙的夜晚,爱的希望和雨水、天空和大地的沉寂是紧紧结合在一起的。两个因大自然而结合的生命之间的微妙平衡,两人共同的那种对一切非此时此地者的漠然,让他们看起来很像。

另外这一个仿佛是某种舞蹈的时刻,她穿着有设计的礼服,他则是全套舞衣。

༺༻

滨海公路上的第一批杏树开花了。一夜之间,它们就把这片弱不禁风的雪白披在身上,真难想象这片雪要如何御寒,又如何能抵挡这场浸湿了每一片花瓣的雨。[1]

༺༻

电车上。

老妇有张老鸨脸,但在平坦的胸前挂了一个十字架:

---

[1] 散文集《夏》中《杏树》一文的片段(见 1954 年版,第 73 页)。——原编注

第三本 1939—1942

"老实女人就知道自持自重。不像那些发战争财的女人。丈夫去打仗,她们领补助、偷汉子。您看,我就认识这么一个女的,她跟我说:'他很可能会死在前线。他不当兵时可凶了。去当了兵也不会变好。'我还劝她:'现在他都上前线了,就原谅他吧!'她才不管。我说,先生,坏女人就是这个样。从骨子里出来的,从骨子里。我就跟您说这是从骨子里坏上来的。"

❧

2月

奥兰。搭火车的话,大老远,从瓦尔米开始,就见得到圣塔克鲁斯山和它那道深深的土沟,山上的大教堂则像根石指,直指蓝天。

应该要在早上十点到加利埃尼大道的角落上找人擦鞋。清风徐来,阳光朗朗,红男绿女来去匆忙,此时高栖扶手椅上,看着那些擦鞋匠的功夫,心中真有说不出的舒畅。干净,利落,无微不至。一度,眼见着他们拿起软毛刷子为皮鞋做最后的打亮,我们还以为这场令人惊叹的表演就要结束了。然而同一只不愿放松的手,却在此时又把鞋油往晶亮的鞋面一抹,让它黯然失色,摩擦它,令那鞋油渗透到皮革的最深处,然后在刷毛底下让这最后真正的第二层光亮,从皮革的深处焕发出来。[1]

꧁꧂

同时体现了某种形而上学、道德观和美学标准的垦民之家。这栋建筑的屋顶造得像是埃及法老王的双冠冕。奇怪的马赛克主题、拜占庭样式，我们不晓得上头为什么要弄一些迷人的看护小姐，足蹬凉鞋，抬着装葡萄的篓筐，还有一大群穿古装的奴隶，争先恐后地涌向一个头戴探险家头盔，脖子上还打着蝴蝶结前来垦荒的优雅人士。

꧁꧂

奥斯特里茨街（rue d'Austerlitz）上那些有一百岁的犹太人。一举一动：都像在演戏。

꧁꧂

像玛莉－克莉丝汀这样的裁缝师是"not only fashionable but always up to date"（不仅时髦而且永远走在流行尖端）。通便剂"不过是权宜之计。硬拉出来的屎不能解决问题"。

---

[1] 《牛头人身或奥兰之旅》一文的片段（见1954年版，页22—23，45—46，52）。——原编注

第三本　1939—1942

༄

从滨海公路上看过去，那些悬崖是如此之高，以至于眼前的风景因为太珍贵了，竟予人一种虚幻感。人类全被从里面赶了出来，而那种杳无人迹的程度，让这么沉重的美宛若来自另外一个世界。

༄

小小的珍珠广场，下午两点，一群孩子在那边玩。清真寺，叫拜楼，长凳，一点点天空。声音像小铃铛般的西班牙电台。我喜欢这里的，不是现在这种时刻，而是那种我臆测中，在暑气全消的夏日天空下，向晚时分里变得柔缓的小广场，军人和妇女在那儿徘徊，男人则被茴香酒的味道全引到酒吧去了。

༄

女性小说：单一主题：真诚。

༄

"哦，我的灵魂，不要向往不朽的生命，但要穷尽一切的可

能性。"（品达——第三首皮提亚颂歌）[1]

〜〜

人物。

老头和他的狗。八年的恨。[2]

另一个和他的口头禅："他很有魅力，我甚至要说，是讨人喜欢。"

"一个震耳欲聋的噪音，我甚至要说，是把耳朵都震破了。"

"这是永远的，我甚至要说，是人性的。"A.T.R.

〜〜

阳光中的清晨和几个赤裸的身体。淋浴，然后是热浪和光亮。

〜〜

2月

这张诉说着她的爱和痛苦往事的佛罗伦萨的脸。演戏的成分有多少？如此巨大，在某些瞬间如此地震撼人心，对别人来

---

[1] 这两句后来用在《西西弗斯神话》中当作题词。——原编注
[2] 这里的两个人物显然是《局外人》中的老沙拉马诺和马松（第四章和第75页，见1961年版）。——原编注

第三本 1939—1942

说却又如此难以察觉的真情成分,又有多少?

M——仿佛巴黎的灵魂。这个阳光中的清晨,城市里充满光亮——他的眼睛就像这城市和这种安逸的人生。"O dolore dei tuoi martiri, o diletto del tuo amore."(我会为了你的痛苦而哀伤,在你的爱情中感到欢欣)。[1]

"她不是爱的化身,而是生存机会——一切非关自我放逐,一切认同生命者。而且生存机会从来没有过这么动人的脸。谁能够爱得那么坚定不移呢?但大家都知道什么是激情。这首歌,这张脸,这个深沉又温柔的声音,这个有创意而自由的人生,就是我所有的期盼和等待。而如果我放弃了,那么这些至少还可以作为解放的希望、作为那我无法割舍的自我形象。

꧁꧂

3 月

怎么会突然醒来——在这个昏暗的房间里——还有那些一下子变得不相干的城市噪音?一切对我来说都是那么地不相干,一切,没有任何存在是属于我的,没有一个可以让这个伤口愈合的地方。我在这里做什么,那些举动、那些笑容的用意何在?我并不在这里——也不在别处。而这个世界不过是一片

---

[1] 一首著名的意大利艺术歌曲《如果你爱我》(Se tu m'ami)中的两句歌词。——译注

陌生的风景，我的心在里面再也找不到支点。局外人，谁能够明白这个词要传达的是什么。

◈

漠然，承认对一切都感到漠然。

现在一切都很清楚了，等待而且不要漏掉任何一个。工作，至少是为了让这沉默和这创作同时更臻完美。其余的，其余的，不管会如何，都无所谓。

◈

夜晚：事件。人物。各种个人反应。

◈

特鲁维尔。一片长满阿福花[1]的临海高地。几座小别墅，绿或白色的围墙，有的有阳台，有的被茂密的柽柳遮住了，还有的光秃秃地站在石头中间。海在下面低嚎。但阳光、微风、阿福花的洁白、天上那种已经硬化的蓝，一切都让人想到夏日，它那金黄色的青春，那些女孩男孩的古铜色肌肤，初生的

---

[1] 阿福花是音译，或译"日光兰"、"常春花"、"水仙"。是一种地中海沿岸常见的白色野花。古希腊人用阿福花吊亡，为死亡象征。希腊神话的地狱里有"阿福花原"（Pré de l'Asphodèle）。——译注

第三本 1939—1942

激情,长时间的日晒和傍晚骤然来到的温煦。还能赋予我们这个时代什么其他的意义,除了这高原的启示之外:一边是生,一边是死,在这两种美之间的,是忧郁。

❧

R. C.是那种大家公认会躲起来上厕所的人。结果不是这样,他们还据此发明一个理论,主张是人的伟大之处在于能够感觉到贬抑他的事物。结果,觉得恶心的是我们。

❧

S 想要写一本还没被它的作者写出来的小说的日记。

❧

有愈来愈多人面对这个世间的唯一反应是个人主义。人的目标就是他自己。所有我们为了全体的福祉所做的努力,终将失败。就算我们无论如何想试试看,姿态最好也要故意摆高一点。整个抽身出来,独善其身吧!(白痴)

❧

男人收到他情妇的丈夫写来的一封信。信中,丈夫宣称自己还爱着妻子,并表明想在大发雷霆之前找情敌直接谈判。而这个情夫最怕的，就是对方发怒。所以觉得这个丈夫的做法很宽宏，他很欣赏。而且他愈是害怕，就愈需要说出来。说个不停。所以他可以演好人。他决定放弃一切，只因对方既然那么宽宏大量，他也愿意牺牲——绝不抱怨——他真的是比不上人家。此外，他还真的有点以为事情就是如此。不过也得考虑到害怕挨揍的成分就是了。

别墅里来了一条狗。S不顾母亲的反对收留了它。那狗偷了两条鲲鱼。母亲去追那狗，狗很害怕就逃走了，没听见S在那边说："不要跑，不要跑，没什么好怕的。"

事后，S——可怜的狗，它还以为到了天堂了。

母亲——我也是，我以前也相信有天堂，而我这辈子还没见过。

S——对，可是它已经进去过了。

✧✧

到米尔斯克比尔港上方的海边去。丘陵和悬崖环绕的港湾。封闭的心。

✧✧

马赛。集市："生命？虚空？幻觉？但其实是真理。"偌大的收银台。锵！锵！进入虚空。

✧✧

第三本 1939—1942

摩登时代方开始:一切都成了吗?[1] 很好,那我们就开始活吧!

❧

巴黎,1940 年 3 月

巴黎的可恨之处:要温柔,要有感情,可憎的多愁善感,把美的看成卖俏,卖俏当作美。温柔和这片混浊的天、反光的屋顶和这场下不完的雨给人的绝望感受。

令人奋起之处:可怕的孤独。像是群体生活的解药:大城市。于是此地成了唯一可以通行的沙漠。此处的人体不再具有任何诱惑力,它只是被盖起来,被遮在一些没有形状的皮相下面。这里只有灵魂,而这种灵魂,不知检点,醉茫茫,老爱啼哭不休,遑论其他种种的德行。但这灵魂也有一个伟大的地方:静静地忍受孤独。当我们站在丘顶上俯瞰巴黎,在雨中成了一团巨兽般的雾气,宛如从地上冒出的一颗难以形容的灰色肿块,如果我们接着又去看蒙马特圣彼得教堂的墓园,我们可以感觉到一片土地、一种艺术和一个宗教之间的血缘关系。这些石头的每一根线条都在抖动,每一个钉在十字架上或被鞭打

---

[1] 原文作"Tout est consommé",应该是引用了约翰福音(19:30)耶稣临死前说最后一句话。——译注

的形体，一如这个城市本身，都能让灵魂里充满那种极强烈而且被冒渎的激情。

但另一方面，灵魂从来就没有对过，而在巴黎更是站不住脚。因为巴黎曾经献给这个如此在乎灵魂的宗教的最辉煌面容，竟是以肉身的形象刻在石头里的。而这个神，如果祂让您感动，是因为祂有张人的脸。人类景况的特殊限制，让他无法脱离肉身，也让他那些企图否定身体的宗教象征全都有着身体的外表。这些象征否定身体，但身体却给了它们魅力。唯有身体是慷慨的。这个罗马士兵，我们觉得很生动，因为他有个很不寻常的鼻子或是驼背。而那个彼拉多，则是因为那夸张的、已经在石头里保留了好几个世纪的无聊表情。

基督教对这点很了解。它能够如此深深地触动我们，是因为耶稣是神也是人。但耶稣的真理和伟大在他被钉到十字架上之后就没了、在当他高呼为什么要放弃他的时候就结束了。把福音书的最后几页撕掉的话，我们就会看到一个很人性的宗教。这个宗教拜的，其实是孤独和伟大。当然也有人很受不了它的酸涩。但这就是它的真相，其余的皆为谎言。

这就是为什么懂得如何独自在巴黎过一年，住在一个简陋的房间里，比起一百个文学沙龙和四十年的"巴黎生活"，还可以让人学到东西。这是一件残酷而丑陋的事，有时像一种折磨，而常常那么地濒临疯狂。在这样的生活环境里，一个人的

第三本　1939—1942

品性应该会更坚强、更有信心——或死掉。但如果它死了，那是因为它不够强壮，活不下来。

爱森斯坦和墨西哥的死神庆典[1]。一些阴森恐怖、用来逗小孩的面具，他们并津津有味地吃着做成骷髅头形状的糖果。孩子们觉得死是件有趣的事，认为它很欢乐，甜甜的像糖果。那些"小死人"也是。一切到最后都归于"我们的朋友死亡"。

巴黎

楼上的女人跳下旅馆中庭自杀了。听一个房客说，这女的31岁，是说人活着谁不是受够了，所以她才活过那么一点，便想寻死。这件悲剧的阴影在旅馆里盘旋不去。从前，她有时会下楼来，问老板娘可不可以让她一起吃晚餐。她会突然去亲吻人家——可能是太需要温暖和陪伴吧！这一切最后就以额头上一条六厘米的裂痕收场。临死前，她说了："总算！"

---

[1] 这里指的可能是爱森斯坦为一部未完成的影片所拍摄的片段，这些片段后来以《墨西哥艳阳天》（*Time in the sun*）和《墨西哥万岁》（*Que viva Mexico*）的片名上映。——原编注

巴黎。黑树的背后是灰蒙蒙的长空，鸽羽共天一色。雕像们立在草地上，那种郁郁寡欢的高雅……

鸽群啪啦一声像抖开的布展翅而去。青草上还留着一地的咕噜噜。

☙❧

巴黎。清晨五点的小咖啡馆——玻璃窗上结着雾气——热腾腾的咖啡——中央市场的人群和送货员——早上的小酌和薄酒莱。

拉夏贝尔[1]。薄雾——高架铁轨和路灯。

☙❧

莱热[2]。这种聪慧——这种对物质做重新思考的形上绘画。很奇怪：一旦我们重新去思考物质，唯一剩下的永远是构成表象（l'apparence）的那一部分：颜色。

☙❧

---

1 拉夏贝尔（la Chapelle）：巴黎地铁站名。——译注
2 莱热（Fernand Léger，1881—1955）：法国立体派画家。——译注

第三本 1939—1942

那家伙在一间餐馆里,听见一个太太在打电话,她叫的竟是他的电话号和姓名。他在电话那头接起来。她开始跟他说话,好像他就在电话的那头(家人,确切细节,等等)。他觉得莫名其妙。但就是这样。

∽∾

没有明天
"J. M. 在这里提到的作品,皆已付之一炬。不过大家也都知道他本来也可以让它们出版的,只是除了驳斥和漠视大概不会引起任何反应,这么一来跟烧掉也没两样。"S. L.

∽∾

为了断句和换气,一辈子都要一直写的句子。"今天,我27岁",等等。

∽∾

根据注释者(或摘要性前言)来做注释分类。

∽∾

餐馆里有个西班牙籍的小兵。一句法语都不会,还有他过来跟我说话时那种对人情温暖的渴望。埃斯特雷马杜拉来的庄稼人，内战时参加共和军，后来流亡到阿尔及雷兹（Argelès）的难民营，又投效法军。当他讲到西班牙这个名字时，眼里尽是故乡的晴空。他有八天的假。跑到巴黎来，不消几个小时就被这个城市捣碎了。一句法语都不会，在地铁里游荡，外国人，凡不属于故里的一切、对他而言都无所谓，他只想能够赶快回去跟他的战友在一起。然后就算会死在一处天快塌下来的烂泥地上，至少身边躺着的都是老乡。

෴

4月

在海牙。男人住在一处他不晓得其实是妓院的膳宿公寓里。餐厅里从来没有人。他都穿睡袍下楼。一个身着礼服、带大礼帽的先生走进来。他动作僵硬，小心翼翼，黑色皮肤。他点了一份很丰盛的菜肴。餐室里的那只白鸽正咕咕地叫着。然后那人就走了，桌上留了饭钱。四下顿时变得很安静。侍者回来，突然惊惶失措。那黑鬼把白鸽藏在他的帽子里一起带走了。

෴

小说（第二部分——下场）。

那人（J.C.）给自己订下了死期——眼看来日无多了。他立刻感受到一股奇妙的优越感，觉得自己比社会上所有的势力

第三本　1939—1942

和其他一切都来得高级。

〰〰

地铁里，一个低微的军人。四十几岁。想让一个满年轻的女孩子跟他约会。"哪天我经过那里，也许我可以去看您。""不可以，我哥哥会骂我。""啊，对！一定的，这太理所当然了，您说的没错。那我可以给您写信吗？""不可以，我还是比较想跟您约在外面。"这么直接地同意了他拐弯抹角半天想得到的东西，让他简直喜不自胜。"啊，太好了！就是这样，就是这样。没错，您说的没错，完全正确，这样比较好。那么，让我想想。明天是星期一。没错，是星期一。那么，几点好呢？我看看，您知道的，因为我们从事这个职业的……我看看，对，明天是星期一。那这样，五点好吗？"

她（还是那么直接）：您不能晚餐过后吗？

他（还是那么喜不自胜）：可不是，可不是，您又说对了。

她：八点吧！

他：好，好，八点。在"露台"，好吗？

她：好。

他沉默下来。突然间我们可以感觉到他被一股他不愿承认的恐慌攫住。他需要采取预防措施，免得可能把这个如此珍贵却竟然得来全不费工夫的艳遇弄丢了。"那如果临时有事不能来，我可以写信给您吗？""不，我比较不希望这样。""那不然，我们在另外约一个时间，万一有事不能来的话。""好吧！那星期四八点在同一个地方。"他很高兴，但又突然担心起第二个约会让明天的那个变得没那么重要。"但明天，对不，八点，一言为定？除非是临时有事才……""好。"对方说。她在协和广场站下车，他则继续坐到圣拉扎尔站。

✿

画家到克罗斯港（Port-Cros）去作画。那儿的风景是如此美丽，最后他干脆买一栋房子，把他的画全收进去，再也不碰了。

✿

在《巴黎晚报》[1]里可以感觉到巴黎的整个心跳，以及那种不入流的女店员精神。咪咪住的阁楼成了摩天大厦，但还是一样的心。腐烂的心。多愁善感，添油加醋，阿世媚俗，一切恶行恶状，可以让人在这个对人如此严酷的城市里拿来自我防卫的借口。

---

[1] 加缪这个时候在《巴黎晚报》工作，皮亚也是他的同事。——原编注

第三本　1939—1942

如果您知道如何充分利用孤独的话，就不会写这么多关于它的东西了。

～

"我是，"他说，"一个嗅觉特别发达的人。但没有艺术是给这种感官发挥的。只有生命可以。"

～

短篇小说。一个传教士，很满意自己被派到外省乡下的命运。意外地去陪伴一个死刑犯度过他最后的时刻。在那儿失去他的信仰。[1]

～

泰拉奇尼前言[2]——……这种放逐滋味，我们之中有很多人对它也有乡愁。这些意大利和西班牙的土地，曾经塑造了如此多的欧洲魂，以至于已经有点算是欧洲了——那比任何用武力

---

[1] 这里记的也许就是巴纳路（Paneloux）这个人物，以及《局外人》续集的雏形。——原编注

[2] 这里的泰拉奇尼应是意大利诗人恩里科·泰拉奇尼（Enrico Terracini），但和加缪真正熟稔的，其实是他的太太让娜（Jeanne Terracini）。此处的泰拉奇尼虽然没有注明是先生还是太太，但同年12月恩里科在夏洛出版社出版的《某晚，在某个遥远的国度》（*D'un soir d'un pays lointain*），主旨正是这篇所讲的放逐和乡愁。——译注

征服的欧洲都还来得有价值的精神欧洲。这也许就是下面这些书页的含义。但此一现状,两百年前即已如此,至今犹然。因此我们不应绝望,待花儿终于在废墟里又重新绽放时,欧洲的青春将长存。

⁂

系列二。关于唐璜。见拉鲁斯词典:方济各会修士将他杀了,然后对外宣称他是被指挥官[1]打死的。最后一幕。方济各会士对群众宣布:"唐璜信教了",等等。"荣归唐璜"。

最后第二幕:指挥官没有现身,以示挑衅。有理一方的辛酸。[2]

⁂

系列二。关于唐璜。

(神父和唐璜走进唐璜的更衣室,接着唐璜送神父往大门走去。)

第一幕开始。

---

[1] 唐璜传奇中的一个人物,他因女儿安娜受到唐璜调戏,前来营救却被唐璜杀死。指挥官的石像后来回来找唐璜复仇。——译注
[2] 同样的主题也曾在《西西弗斯神话》中出现过。加缪一直有写唐璜的计划。他去世前不久,还曾着手翻译摩里纳(Tirso de Molina)的《爱情骗子》(*Burlador*)。——原编注

方济各会神父：所以您什么都不相信，唐璜？

唐璜：不，神父，我相信三件事情。

神父：我可以知道是哪三件吗？

唐璜：我相信勇气、聪明和女性。

神父：那应该不用对您抱什么希望了。

唐璜：没错，如果应该要去同情一个快乐的人的话。再见了，神父。

神父（走到门边）：我会为您祷告的，唐璜。

唐璜：那我要感激您，神父。我想这是一种勇气的展现。

神父（轻声地）：不，唐璜，这只是两种您坚持不愿承认的情感——施舍和爱。

唐璜：我只知道这些妇人之仁在男人身上就成了温柔和慷慨。那么告辞了，神父。

神父：告辞了，唐璜。

❧

5月

《局外人》写完了

❧

令人赞叹的《恨世者》[1]，以及剧中那些粗糙的反差和典型角色。

阿尔赛斯特和菲兰德

色里曼纳和爱丽央特

阿尔赛斯特的单调乏味——一个被逼上绝路的角色之荒谬下场——这个剧本的全部主旨所在。而那首"差劲的诗"[2]，几无抑扬顿挫，跟这个角色本身一样单调。

◊◊

大撤退。

克莱蒙费朗。疯子收容所和它那座奇怪的时钟。脏脏的清晨五点。一群瞎子——公寓里有个从早叫到晚疯子——这个世界的缩影。整个身体在两个端点之间转来转去，不是巴黎就是大海。到了克莱蒙，我们才能认识巴黎。

◊◊

完成"荒谬"的第一部分。[3]

---

[1] 17世纪法国剧作家莫里哀的剧本。——译注
[2] 《恨世者》一剧主角阿尔赛斯特就是因为批评一首某贵族写的劣诗而惹祸上身。——译注
[3] 指《西西弗斯神话》的第一部分。——原编注

第三本 1939—1942

那人把自己的屋子拆了、田地烧了，还在上面撒盐，免得落入他人手中。

❧

法兰西银行的小男人。跟着撤到克莱蒙费朗，想继续保有同样的习惯。几乎办到了。但带着一种难以察觉的差别。

❧

1940年10月。里昂。

圣托马斯（他自己也是腓特烈的臣属），认为臣属有反叛的权利。见波曼（Baumann）：《圣托马斯的政治学》（*Politique de saint Thomas*）页136。

❧

最后一个卡拉拉家的成员，受困在遭瘟疫肆虐、又被威尼斯人围攻的帕多瓦城中，他边叫边跑穿过宫里的每一间厅堂：他在呼叫魔鬼，但求一死。

一个贡多铁里[1]救了某城——应该是锡耶纳。他什么都要。大家就想："任何东西都不够奖赏他，甚至是最高权力。我们干脆

---

[1] 贡多铁里（Condottiere）：中古世纪意大利的雇佣兵首领。——译注

把他杀了。然后把他当神来拜。"于是就这么做了。

马基雅维利说巴格里昂[1]因为错过了暗杀教皇儒略二世的时机,所以也丧失了让自己永垂不朽的机会。

布尔查德:"恶毒、蔑视宗教、军事天才和知识丰富,都在马拉泰斯塔(J. Malatesta,死于 1417 年)身上具足了。"

维斯康蒂(Philippe Marie Visconti)是米兰的贡多铁里,最讨厌听人讲到死,有心爱的部属快死了,就下令快快抬出去。可是布尔查德说他:"死得很高贵、很有尊严。"

在拉文纳,人们会把圣坛上的蜡烛拔起来拿去插在但丁的墓前:"你比另外那个被钉在十字架上的还值得这个。"

∽

短篇小说:罗讷河和索恩河,描述它们的流向,其中一条跃起来,另外一条犹豫着,终于过去跟它会合,因为冲力太大而迷失自我。两个人顺着这两条河而下:对照组。

∽

短篇小说:Y 的故事。

---

[1] 巴格里昂(Jean-Paul Baglione):16 世纪意大利的军阀。——译注

第三本　1939—1942

༄༅

特尔内（Ternay）[1]。俯瞰罗讷河谷的一个荒凉小村。灰色的天空和冷风像一件软软的长袍。废弃的山坡地。几条黑沟和几只乌鸦飞过。露天下的小墓园：他们全都曾是好丈夫跟好父亲。他们全都留下了无限的思念。

༄༅

老教堂里面有一幅布歇的仿作。负责看管椅子的妇人：德国轰炸机来的时候，她真的是吓死了。上次战争的时候，他们村子已经死了30人。现在，只有18个被俘，但还是不容易啊！等一下有人要结婚，两个年轻人。那小学女老师是从阿尔萨斯逃难过来的，没有一点家里的消息。"您觉得这就快要结束了吗？先生。"她儿子是1914年的时候死的，他人受伤，她还去接他，刚好碰到马恩河大撤退。她把儿子带回家，他是在家里过去的。"我永远都忘不了当时的情景。"

外面，一样的天寒地冻。翻过的土壤是温的，大河在底下流着，一片亮晶晶，偶尔微波荡漾。再过去一点，就是塞赫桑（Serresin）那间小车站候车室。战时的灯火管制——阴影

---

[1] 在伊泽尔省（Isère）。——原编注

落在几张鼓吹人们到邦多勒去过逍遥生活的海报上。暖炉是熄的,冷冷的石板上有许多晨间洒水时留下来的8,像是用描图纸描出来似的。还必须在夜晚的谷风里和远处列车的咆哮声中,等一个小时。这么近,却又这么与世隔绝。人在这里终于可以享有他的自由,但这自由是多么鄙陋啊!休戚相关,和这个就算有花和风,其余的一切还是永远无法原谅的世界休戚相关。

≈

12月

　　希腊人——伊特鲁里亚人——罗马及其败亡——亚历山大学派和基督教——神圣罗马帝国及大胆思想——普罗旺斯和天主教会大分裂——意大利文艺复兴——伊丽莎白时期——西班牙——歌德到尼采——俄罗斯。

　　印度,中国,日本

　　墨西哥——美国。

　　样式——从多立克柱到哥特式或巴洛克式的水泥拱。

　　历史哲学艺术宗教

　　P. S. M.

≈

第三本 1939—1942

12月

希腊人。历史——文学——艺术——哲学。

✑

女人总是有意无意地会去利用男人身上那种对守信极其强烈的荣誉感。

✑

该隐之子——从原貌。父亲站在一旁看着亚伯被杀,不出手阻止。该隐在痛苦和暴力中成长。父亲要原谅他,但该隐拒绝了,"我再也不要见到你的面。"[1]

(或是诗——同上。犹大)

✑

奥兰。1941年1月。

P. 的故事。小老头会从二楼丢下一些纸头,把猫引过来。然后他又对着吐口水。如果有哪一只猫中弹了,他就在那边笑。[2]

---

[1] 这一句是改写旧约创世纪(4:14)中,该隐遭放逐时对神说:"我再也看不到你的面。"——译注

[2] 《牛头人身》一文中的一段(见最后一节:"阿里阿德涅之石"〔La Pierre d'Ariane〕)。在《鼠疫》一书中对奥兰城的描述里也曾用到这段文字。——原编注

∽∽

　　没有一个地方，不曾被奥兰人用那种无论何等美景都会被毁于一旦的可怕建筑给玷污。一个背对着大海的城市，然后像蜗牛壳那样绕着自己大兴土木。我们在这个迷宫里游荡，寻找海在哪里，仿佛那就是阿里阿德涅的信号。但我们在条条丑怪的街道上徘徊，遍寻不着大海。到最后，牛头人身把奥兰人全吃了：那就是无聊。

　　但这些都是白费力气：这里是世界上最强壮的土地之一，它把人们强加在它身上的那些碍手碍脚的装饰都甩掉了，我们还能在每栋房屋之间及所有的屋顶上听见它在粗暴地咆哮。不要去想到无聊的话，我们在奥兰过的日子跟这块土地其实是有得比的。奥兰证明了人的内在确有某种东西要比他们的道德规范来得强烈。

　　没有到过奥兰的人，不晓得什么叫石头。在这个灰尘算是世界上最多之一的城市里，石子和石头就是王。别处的阿拉伯公墓都有那种很出名的宜人。这里的话，在哈萨阿因（Razel Aïn）峡谷上方，面对大海的，是紧贴着蓝天、一整片松脆易碎并白得让人睁不开眼睛的白垩石。在这堆大地的白骨中间，偶尔会像染了鲜血般，生气蓬勃地冒出一朵红色天竺葵。

第三本 1939—1942

❦

我们写了许多有关佛罗伦萨和雅典的书。这一类的城市曾经培养出不计其数的欧洲精神，想没有意义都难。它们有的是感人或振奋人心的本钱。它们能让灵魂里那种只能用回忆来滋养的饥渴平息下来。但没有人会想要去写一个丝毫无法让精神得到提升的城市，一个丑陋已肆无忌惮地入侵，过去则被化为乌有的城市。然而，有时候这却会让人跃跃欲试。

是什么让我们对一个一无所有的城市感到兴趣和依恋呢？这空洞，这丑陋，这无聊，在这样不容情而雄伟的天空下，到底有何吸引人之处？我可以回答：造物。在某一类的人看来，一个地方，只要那儿的造物是美的，就是一个拥有一千个首都的国度。奥兰正是这样的一个地方。

咖啡馆。小龙虾，烤肉串，酱汁让舌头着火的蜗牛。我们会马上喝一杯甜得恶心的麝香白葡萄酒来浇熄它。这些都不是捏造的。旁边还有个瞎子在唱"弗拉明戈"。

❦

米尔斯克比尔港上的丘陵像一种完美的地景。

❦

《军人的奴役与伟大》[1]。一生中值得一读再读的好书。

"蒂雷纳阵亡后,蒙特库科利不屑跟一个平庸的对手继续打下去而撤退了。"

荣誉"是一种非常人性的德行,我们可以想象它是死亡的产物,没有天堂的棕榈枝可拿;这是生命的功效"。[2]

✤

奥兰。诺塞谷:沿着两边枯干而灰尘漫扬的坡地慢慢走。日头下的地面开始龟裂。石头色的乳香黄连木。头顶的天,按时地将它储备的热与火热倾泻而下。渐渐地,黄连木愈来愈高大,颜色也转绿了。走了很长一段路之后,黄连木渐渐被橡树取代,一切都变高长大也和缓了下来,然后,在一个急转弯处,一片杏花满开的杏林:像是给眼睛喝的凉水。一个宛如失乐园的小山谷。

可以眺望大海的山坡路。车子能通但人迹罕至。现在上面都是花。雏菊和毛茛铺出了一条又黄又白的路。

---

[1] 《军人的奴役与伟大》(Servitude et Grandeur militaires):法国诗人维尼(Alfred de Vigny)1835年的著作,以深刻的人文精神描绘军旅生涯之境况。——译注

[2] 加缪说荣誉是死亡的产物,但维尼的原文作"是尘世的产物"。基督教的殉道者死后上天堂可以得到棕榈枝作为奖赏,所以凡殉道圣徒的画像,都可以看到他们手上拿着棕榈枝。——译注

第三本　1939—1942

❧

1941年2月21日

《西西弗斯》写完了。荒谬三部[1]完成。

开始自由了。

❧

1941年3月15日

火车上。"您跟康普很熟吗？"

"康普？是不是又高又瘦、黑色八字胡？"

"对，从前在贝勒阿巴斯做扳道工。"

"对，没错。"

"他死了。"

"啊！怎么死的？"

"肺痨。"

"是说，他从前身体看起来很好啊！"

"就是，不过他玩乐器，是军乐队的。奏乐时吹得太用力，结果送了命。"

---

[1] 加缪称之为"荒谬系列"（Cycle de l'absurde）的作品，包括《局外人》《西西弗斯神话》《卡利古拉》和《误会》，因为这四个作品分别以小说、散文和剧本的形式呈现，故有"三部曲"之说。不过加缪记这条笔记的时候，《误会》尚未写出。——译注

"这个,一定的。如果有病,就要去治疗。不该还往什么管子里吹风。"[1]

❧❧

那个似乎已经便秘了三年的太太说:"这些阿拉伯人,把女儿的脸都遮起来了。哼,他们就是还不文明!"

渐渐地,她对我们揭示了她的文明理念。一个月薪一千两百法郎的丈夫,一房一厅的公寓,厨房和储物间,星期天上电影院,一整个礼拜都住在家具全是芭贝斯百货[2]买的屋子里。

❧❧

荒谬和权力——深究(参考希特勒)。

❧❧

1941 年 3 月 18 日

春天来了,阿尔及尔附近的山坡上繁花漫溢。黄玫瑰蜂蜜般的香气,流淌在小街弄间。硕大无朋的黑色丝柏,竟看不出是怎么爬上去的紫藤和山楂花之光,从树梢飞溅而出。温

---

[1] 这一段后来出现在《鼠疫》的第 36 页(1960 年版)。——原编注
[2] 芭贝斯百货(Galeries Barbès):位于巴黎十八区的一家大型平价家具专卖店。——原编注

第三本 1939—1942

暖的风,平广的海湾。强烈而简单的渴望——和舍弃这一切之荒谬。

❧

圣塔克鲁斯和穿过松林登高。海湾愈来愈宽广,直至山顶上那片无穷无尽的视野。漠然——所以我也是,我也有我的朝圣路线。

❧

3月19日

每一年,沙滩上的女孩如繁花盛开。她们只开一季。隔年,她们就会被其他那些前一年还是小女孩的花容所取代。对在旁欣赏的男人来说,这一年就来袭一次的潮涌,其壮其阔在黄沙上翻腾。

❧

3月20日

关于奥兰。写一篇无意义且荒谬的传记。关于该隐,微不足道的无名氏,帮三军广场雕了一对无意义的狮子。

❧

3月21日

春日浴场的冰水。沙滩上死掉的水母：一种慢慢被沙子吸进去的凝胶物。巨大的苍白沙丘——海和沙，两片荒漠。

༄༅

葛林果周刊[1]主张把西班牙难民营迁到突尼西亚的最南边去。

༄༅

扬弃女性魅力的奴役。

༄༅

罗沙诺夫（Rosanov）。"米开朗琪罗、达·芬奇都是建设者。但革命一定会对他们吐舌头，一旦他们到了十二三岁开始显露个人特质、展现出他们独具的性灵之时，革命就会把他们给杀了。"

༄༅

"人如果被剥夺了罪孽，他就不晓得怎么活下去；倒是只会

---

[1] 葛林果周刊（Gringoire）：法国两次大战期间一份走极右派路线的综合型政论周刊，拥护贝当的维希政权。——原编注

第三本 1939—1942

过得太好,如果被夺去的圣洁。"——长生不死是一个没有未来的概念。

❧

释迦牟尼在荒漠中多年,一动不动,眼睛望着天空。连神祇们都妒忌这种智慧和这磐石般的宿命。在他那张开的僵硬的手里,有燕儿来筑巢。但某天,它们展翅而去,一去不返。而那曾经令他内心之渴望与意志、荣耀与痛苦全部寂灭了的东西,开始分泌泪水。石头于是长出了花。[1]

❧

They may torture, but shall not subdue me.(他们可以折磨我,却无法征服我)

❧

修道院长:"为何丝毫不愿和人一起生活、一起行动?"
曼弗雷德:"他们的存在令我的灵魂感到厌恶。"

❧

---

[1] 这一段后来被用在《牛头人身》一文中,第 62 页(1954 年版)。——原编注

一颗心拿什么来驾驭自己？去爱吗？没有比这更不确定的了。我们可以知道爱会带来什么样的痛苦，却不知道爱究竟为何。在此它对我而言是剥夺、懊丧、两手空空。我不再有冲动；剩下的只有焦虑。一座看起来像天堂的地狱。还是地狱。今日令我感到虚无缥缈者，我称之为生命和爱情。出发，限制，分手，这颗没有光亮的心在我的体内散落一地，泪水和爱的咸味。

☙❧

风，这世上罕见的干净东西之一。

☙❧

4月。系列二。

悲剧的世界和反叛精神——《布杰约维采》（三幕）[1]

瘟疫或探险（小说）

☙❧

解放者瘟疫。

快乐的城市。大家照着各式各样的体制过日子。瘟疫来

---

[1]《误会》一剧原本打算采用的标题是《布杰约维采》（*Budejovice*）。——原编注

第三本 1939—1942

了,削弱了所有的体制。但它们最后还是全军覆没了。再度没用。一个哲学家写了一本《无意义行动选集》。他将从这个观点记下一本瘟疫日志(还有另外一本,不过是从悲情的角度。是一个教授拉丁 - 希腊文的老师[1]。他了解到在此之前他从未了解过修昔底德和卢克莱修)。他最喜欢的句子:"从所有的可能性来看","电车公司只能支用七百六十个工人,而不是两千一百三十个——从所有的可能性来看,这都是瘟疫的关系。"

有个年轻的神父眼看到黑色脓水从伤口里流出来,信仰崩溃了。他又带着他的圣油走了。"如果我逃得过……"但他没能逃过。一切都要付出代价[2]。

尸体都被抬上电车。一辆辆装满鲜花和死人的列车沿着海岸行驶。结果售票员全被解雇了:乘客没人买票。

打电话到"兰斯多克通讯社"(Ransdoc-SVP),什么消息都问得到。"今日死亡人数是两百人,先生。我们将从您的电话账户里扣款两法郎。""不可能的,先生,最快的柩车要等四天以后。请洽电车公司。我们会向您扣款……"这家通讯社还在电台做广告:"您想知道每天、每周和每月的瘟疫死亡人数吗?请打电话给兰斯多克——五条专线为您服务:-353-91

---

1 这个人物是史蒂芬老师。他后来在出版的最后定稿中就不见了。——原编注
2 我们从这段可以发现加缪本来要让巴纳路的信仰崩溃,这个构想在《鼠疫》的初稿中仍然未更改。——原编注

到 5。"

城市被封起来了。人们孤立而拥挤地死去。但有个先生并未因此改变他的习惯。他仍旧每天穿好了才去吃晚餐。他家里的人一个个从晚餐桌上消失。他自己也在他的餐盘前死了,但还是穿得整整齐齐。就像他家女佣所说:"这样至少也省事。不用再帮他穿衣服了。"尸体都不再入土,直接扔进海里。但因为数量太庞大,漂在蓝色海面上,像一片巨无霸的浮渣。

一个男人爱着一个女人,而且看见她脸上出现了染上瘟疫的迹象。他的爱从未这么强烈。但她也从未如此令他作呕过。他的身心已经分裂。但最后赢的总是身体。恶心令他发狂了。他抓起她一只手臂,将她扯下床,拽过房间、客厅、公寓走廊、两条小巷和一条大街。他把她扔在一条水沟前。"总之,还有别的女人。"

最后,那个最无意义的角色决定发言了,"在某种意义上,"他说:"这是天谴。"

〳〵

等待期:关于奥兰的小书和希腊人。

〳〵

西方艺术一直不遗余力地提出一些想象中的典型。欧洲文

第三本　1939—1942

学史似乎就是基于这些典型和主题而发展出的一连串变化。拉辛式的爱情即某种类型爱的变化，而该类型也许并不存在现实生活中。这是一种化约：一种风格。西方文学不会去描述日常生活。他们只会不停地给自己找一些令他们热血沸腾的伟大形象，追求这样的形象——这形象可以是曼弗雷德或浮士德、是唐璜或纳喀索斯——，但永远无法企及。这种想要和理想合而为一的狂热是一切的动力。而到最后实在没办法了，我们只好发明电影英雄。

❧

临海的沙丘——拂晓时的温煦和第一波仍是又黑又苦的浪潮前几个赤裸的身体。水珠挂在身上太沉重。于是身体浸湿后，又往沙滩上那初露的朝阳中奔驰而去。夏日沙滩上的每个清晨，都仿佛是这世界最初的那几个。夏日的所有傍晚，则全摆出一张世界末日的严肃面孔。海上的夜晚百无禁忌。沙丘上的白天日照要把人压扁似的。下午两点，在滚烫的沙子上走一百米，会让人像喝醉了一样。我们就要倒下去了，这日头真要命。清晨，美丽的棕色胴体在金色的沙丘上。嬉闹声和这些光亮中的裸露是如此无邪。

夜里，沙丘染上了月白。稍早一些时，黄昏让所有的颜色都变得更浓、更深、更烈。这海是海外之海，路是红的，像凝结的血，黄色沙滩。一切都会随着那颗绿色的太阳一起消失，月光于是在沙丘潺潺地流着。星雨下幸福无边之夜。被我们紧拥在怀里的，是另外一个身体，还是温柔的夜？还有那一夜的暴风雨，沿着沙丘狂奔的雷电交加，沙子和眼睛都被它们那橘色或说是灰白的光芒给吓得染得。这些都是令人难忘的婚礼。文思泉涌：我一连八天都非常快乐。

※

必须付出代价，被人生中那可鄙的疾苦所玷污。病痛那种肮脏、令人作呕和可恶的宇宙。

※

"汪洋大海上，唯闻一混合了低泣的呻吟，直到面色阴沉的夜降下来，令一切戛然而止。"(《波斯人》——萨拉米斯之役。)[1]

※

477年时，为了缔结提洛同盟，他们就把一些铁块丢进海里。结盟的誓言应该要跟这些铁块沉在水底下一样地久天长。

---

[1] 《波斯人》是希腊悲剧之父埃斯库罗斯的剧作，萨拉米斯之役是波希战争中一场最具关键性的战役。——译注

第三本　1939—1942

❦

在政治上,人们尚未真正体认到某种程度的平等将会对自由造成多大的威胁。希腊古代有自由人,那是因为他们也有奴隶的关系。

❦

"借口人民误用而破坏了他们的自由,永远是罪大恶极。"(托克维尔)

❦

艺术的问题是翻译上的问题。差劲的作家写作,是根据一个读者不可能晓得的内在脉络。写作的人必须能够一分为二:最重要的,再说一次,是学习如何自制。

❦

战俘或战士写的关于战争的手稿。他们全都和言语难以形容的经验擦身而过,但什么收获也没有。在一个人事单位待六个月知道的也不见得会比较少。他们重复报纸上说的。在报纸上读到的比亲眼看到的,还令他们震撼。

❦

"现在是用行动证明人类的尊严不会向诸神的伟大让步的时候了。"(《伊菲姬尼在陶利德》)[1]

❦

"我要帝国、疆域。行动是一切,荣耀什么都不是。"(《浮士德》)

❦

对一个智者来说,这个世界并不神秘,他怎么会有迷失在永恒里的需求?

❦

意志也是一种孤独。

❦

李斯特论肖邦:"他不再创作艺术,除非是为自己写出他本

---

[1] 这句应该是《浮士德》里面的句子。《伊菲姬尼在陶利德》(*Iphigénie en Tauride*)是格鲁克的四幕歌剧,1779 年在巴黎首演。——译注

身的悲剧。"

❧

9月

一切都得偿清：这是显而易见的。但人的苦痛会来插手，打乱了所有的计划。

❧

晕眩，由于迷失自我和否定一切，由于什么都不像，由于和那些界定我们的从此一刀两断，由于又回到那唯一可以让所有命运随时重新再来的月台上。诱惑持续不断。该顺从还是拒绝它？我们能够在一种舒适生活的空虚处一直忍受某个作品的阴魂不散，还是该起来拿自己生命去追赶它，跟随那灵光？美，我最坏的烦恼，还有自由。

❧

雅克·科波："在伟大的时代里，不必到书房里去找剧作家。他在剧场里，和他的演员在一起。他身兼演员和导演。"

我们这个时代一点也不伟大。

❧

关于希腊剧场:

莫提斯(G. Meautis):《埃斯库罗斯与三连剧》

(*Eschyle et la Trilogie*)

《雅典的贵族政治》

(*L'aristocratie athénienne*)

纳瓦尔:《希腊剧场》(*Le théâtre grec*)

⁓

马路演员[1]在演出默剧时,使用了一种在意义上可以理解,但对人生而言却莫名其妙的语言(滑稽剧中的世界语)。

尚瑟雷尔正是强调默剧的重要性。剧场里的肢体:整个法国当代剧场界(除了巴劳特[2])都忘了这回事。

⁓

即兴喜剧(Commedia dell'Arte)中"抄本"[3]的内容。(莫

---

[1] 马路演员(comédiens routiers):法国舞台剧导演尚瑟雷尔(Chancerel)于20世纪30年代创立的一个以童军为主的业余表演团体,着重肢体训练,演出以即兴喜剧风格的默剧、歌唱、特技、短剧等为主。——译注

[2] 巴劳特(Jean-Louis Barrault):法国舞台剧及电影演员,曾饰演名片《天堂的孩子》(*Les Enfants du Paradis*)中的男主角。——译注

[3] 抄本(Zibaldone):一种剧团专有的抄本,里面抄录了各种台词、谚语、谜语和桥段,供独角戏演出时使用。——译注

第三本　1939—1942

隆〔Louis Moland〕:《莫里哀和意大利喜剧》〔*Molière et la Comédie italienne*〕)（拼布做的舞台帷幕）

莫里哀快死了，让人把他抬进戏院，因为不愿意那些演员、乐师、布景工因此少了一场演出费："他们就靠这个过日子。"

尚瑟雷尔的书很有趣，但有个缺点：看了可能会让人气馁。有意义的是看到一个注重道德教化的剧场人士，竟然会推荐一份包括了许多伊丽莎白时期剧本的演出剧目。这样的明智现在已经很少见了。

ᔔᓚ

路易十五的图书管理员尼古拉·克莱芒对莎士比亚的看法："这个英国诗人的意象够美，言语也很精致；但他会在他的戏里面加一些垃圾，把这些好处都给破坏了。"

在克莱芒这种人对其灵魂和精神的扭曲贬抑下，这个伟大的世纪当初并没有那么伟大。尽管如此，那英国诗人彼时已华丽地写下了关于《理查二世》的：

"让我们来谈论坟墓、虫蛆和墓志铭。"还有韦伯斯特的："人就像肉桂；要磨碎才会有味道跑出来。"

ᔔᓚ

面具，应景的嬉游曲。舞者的步伐在地板上勾勒出新人的姓名简写,这场宴会就是为他们举行的。

∽

"Oh! no, there is not the end ; the end is death and madness."（哦！不,这不是尽头;尽头是死和疯狂。）（托马斯·基德:《西班牙悲剧》）而马洛[1]30岁就被人用刀刺在前额死了,凶手是个条子。

约翰·沃伯顿收藏的古剧本手稿中有53本（菲利普·马辛格和约翰·弗莱彻）,最后毁在一个大厨手中,被他拿来包肉酱。这就是结论。

∽

参见柯纳（Georges Conne）:《莎士比亚之谜》（*Le Mystère shakespearien*）（Boivin 出版社）

《莎士比亚研究之现状》（*État présent des études shakespeariennes*）（Didier 出版社）

∽

---

[1] 马洛（Marlowe）:英国伊丽莎白时期的剧作家,和莎士比亚是同时代人,有学者认为当时他比莎翁更出名。——译注

第三本 1939—1942

10 月

黑死病。邦塞尔斯（Bonsels），第 144、222 页。

1342 年——黑死病席卷欧洲。犹太人被杀。

1481 年——黑死病肆虐西班牙南部。宗教裁判所说：要怪犹太人。但仍有宗教裁判官死于黑死病。

~~~

2 世纪时，关于耶稣相貌的讨论。圣西里尔和圣查士丁：为了赋予道成肉身最大的意义，耶稣的外表应该要难看得令人生厌。（圣西里尔："人子里面最丑陋的那个。"）

但希腊人的观念是："如果他长得不好看，他就不是神了。"后来希腊人赢了。

~~~

关于卡特里派：杜埃（Douais）：《13 世纪法国南部的异端》(*Les Hérétiques du Midi au XIII° siècle*)。

~~~

美人珊芭拉（Sembra）。去密告了她那密谋反对宗教法庭的父亲，因为她有个卡斯蒂利亚来的情夫，两个都是"改宗信徒"。她进修道院。未能断了俗念，又离开。有好几个小孩。

变丑。死时的保护人是个香料商——要求能将她的头骨放在她家门上,好提醒世人她错误的一生。在塞维利亚。

〜

亚历山大·博尔贾(Alexandre Borgia)是第一个反对托尔克马达[1]的。太内行又太"高尚",所以受不了这样的宗教狂。

〜

见赫尔德。《人类历史哲学的概念》(*Idées pour servir à une philosophie de l'Histoire de l'Humanité*)。

〜

在乱世中创作的人有:莎士比亚、弥尔顿、龙沙、拉伯雷、蒙田、马莱伯(Malherbe)。

〜

在德国,民族情感起初并不存在。德国人的民族情感,全靠那种由他们知识分子凭空捏造出来的种族意识在支撑。祸害

---

[1] 托尔克马达(Torquemada):15世纪的西班牙宗教法庭总裁判长,对异教徒采取血腥高压的迫害手段。——译注

更甚。德国人对外交感兴趣——而法国人却是内政。

༒

关于单调

托尔斯泰最后几部作品之单调。印度教典籍之单调——圣经预言之单调——佛陀之单调。古兰经和一切宗教典籍之单调。尼采之——帕斯卡尔之——舍斯托夫之单调——普鲁斯特之,萨德侯爵之可怕之单调,等等,等等……

༒

在塞尔斯托波尔围城战之中,托尔斯泰跳进战壕里,在敌军的炮火隆隆中往碉堡的方向逃去:他最怕老鼠,而眼前就看到一只。

༒

政治永远不能成为诗的对象(歌德)。

再加上托尔斯泰那段可以拿来示范何为非逻辑的逻辑之荒谬言论:

"如果一切我们为彼而活的地上财富,如果一切生命带给我们的享乐、富足、光荣、名誉和权力,都会被死亡夺去,那么这些幸福就没有一点意义。如果生命并非无穷无尽,那简单说它就是荒谬,它就不值得那么辛苦去活,就应该要趁早用自杀

的方式把它结束掉。"(《忏悔录》)

但托尔斯泰在下文又修正道:"死亡的存在迫使我们,不然就是自愿放弃生命,不然就要想办法改变我们的人生,赋予它一个死亡夺不走的意义。"

∽∾

恐惧和痛苦:两种去得最快的激情,伯德[1]说。在北极绝对的孤寂里,他发现身体和精神有着一样严格的需求。"它不会错过任何声响、味道和声音。"

∽∾

托马斯·爱德华·劳伦斯战后用假名以一个普通士兵的身份又加入军队。问题是默默无闻可不可以带来高高在上所无法获得的东西。他拒绝国王赠勋,把获颁的十字勋章给他家狗戴上。将未具名的手稿寄给出版社却都被退回。摩托车车祸。

法柏路思(A. Fabre-Luce)的定义即由此来:伟人的特征在于他会很严密地让自己退隐在历史里,并用一种内在的自由来面对它。

∽∾

---

1 伯德(Richard E. Byrd):北极海探险家。——原编注

第三本 1939—1942

重读《马尔特手记》[1]:没意思的书。这都要怪巴黎。这是巴黎的失败。一种无法克服的巴黎毒素。譬如:"这个世界与孤独者为敌。"错,这世界管你去死,何况,它也有这个权利。

唯一有意思的是阿尔维斯临死前还纠正人家说错法文那段:"要说'凑廊'。"[2]

⁂

像牛顿说的:就一直想着这些。[3]

⁂

伊提耶[4],论剧作家:"他爱怎么做就怎么做,只要他做该做的。"

⁂

---

[1] 奥地利诗人里尔克(Rainer Maria Rilke,1875—1926)巴黎时期的作品,是他唯一的长篇小说。——译注

[2] 法国诗人阿尔维斯(Félix Arvers,1806—1850)在医院临死前,听见照顾他的护士在喊人去某某走廊搬东西来收尸,那护士大字不识,头脑简单,把"走廊"(corridor)说成"凑廊"(collidor),阿尔维斯听了,竟然回光返照,爬起来跟护士说:"要说'走廊'。"说完才死。加缪这里记错了,"collidor"是护士讲的。——译注

[3] 相传有人问牛顿是如何发现万有引力的,牛顿回答:"就一直想着这事。"——译注

[4] 伊提耶(Jean Hytier):1939 年曾和加缪在《沿海地带》合作过。——原编注

为蒙特朗（女人造成之骑士精神没落）。《强·德·桑特黑》（*Jehan de Saintré*），第 108 页，MA. LF.

❧

皮埃尔·德·拉里维：译者。《闹鬼》，译自德·麦迪西（Lorenzino de Medicis）——圣-艾夫赫蒙（Saint-Evremond）[1]

❧

海岸线上的岬角看起来像一支整装待发的舰队。这些岩石和蓝天的船只，在它们的龙骨上微颤着，仿佛迫不及待要航向那些光的岛屿。整个奥兰地区都准备出发了，而每天到了中午，一股冒险犯难的激昂会窜过它的全身。也许，有天早上我们将一同离去。

❧

广阔沙丘上的大暑天里，整个世界都卷起来、缩起来了。这是一个由高温和热血构成的牢笼。不会比我的身体大。但一头驴子在远处的嘶叫，让沙丘、沙漠和天空又找回了它们的距

---

1 这是加缪第一次提到《闹鬼》这个剧本。他后来在 1940 年将它改编，并于 1946 年在阿尔及利亚公演，以推广文化运动和大众教育。1953 又在昂热戏剧节中推出。——原编注

第三本　1939—1942

离。无限远的距离。

❧

关于悲剧的散文。

一、普罗米修斯的沉默

二、伊丽莎白时期剧场

三、莫里哀

四、反抗精神

❧

瘟疫。"我渴望一件公平的事情，"——"瘟疫这不就来了。"

❧

"夜，一个'真正的夜'，如今有多少人认识它呢？流水和大地，又归于沉寂。'而我的灵魂也似一座喷泉。'啊！让世界离我远去，让世界缄默下来。彼方，在波龙莎的下面。"

别再让这颗心空虚下去了——拒绝会令它枯涸的一切。如果活水是在别处，为什么要把我拉住？

❧

在某些时刻里，我们再也感受不到爱的激情。只剩下悲剧。

为某人或某事而活再也没有意义。除了那种可以为某事而死的想法之外，一切都变得毫无意义。

༄༅

一个斯巴达人被监督长公开惩戒，因为他的肚子太大了。

雅典有句俗话说，不识字也不会游泳的人是最低等的公民。

见普鲁塔克描述的阿尔西比亚德斯："在斯巴达，他是一个运动健将，饮食节制，生活简朴；在爱奥尼亚，挑剔且游手好闲；在色雷斯，嗜饮；在色萨利，一天到晚骑马；住在波斯总督提萨费尔纳（Tissapherne）家时，比任何波斯的有钱人都要浪费、铺张。"

༄༅

有天，听到有民众给他鼓掌："我是不是说了什么蠢话？"福西昂说[1]。

༄༅

没落！没落的论调！公元前3世纪是希腊文明没落时期。

---

[1] 福西昂将军，公元前4世纪希腊政治家和演说家。他是贵族党的领袖，刻意为自己制造不得民心的形象。——原编注

第三本 1939—1942

但这个没落期有欧几里得、阿基米德、阿里斯塔克斯和喜帕恰斯,给了我们几何学、物理、天文学和三角学。

୨୧

还有人会把个人主义和追求个性搞混。这样是混淆了两种层次:社会的和形上的。"您的注意力太分散。"生活变来变去,就是没有个自己的样子。但有自己的样子,是某种文明形式下的特殊概念。对别的文明来说,这可能是最不幸的不幸。

୨୧

现代世界的矛盾。在雅典,除非人民能够将大部分的时间都花在上面,不然也无法真正使他们的权力,而每天剩下的工作,就由奴隶去完成。一旦取消奴隶制度,大家都得去工作。可是主权在民的呼声,也在欧洲人最无产阶级化的时代达到最高峰。根本不可能。

୨୧

希腊剧场里只有三个演员:个性不是重点。

在雅典,看戏是件大事:一年之中只有两到三次的演出。巴黎呢?他们却还想回去找那些死掉的东西!不如创造出自己的形式。

∽∽

"没有任何事情是如此无邪,以至于让人一点非分之想都没有。"(莫里哀,《伪君子》前言)

∽∽

见《伪君子》第一幕最后一场:"挑起好奇,制造悬疑":欲知后事,下周五请早。

梭伦[1]完成了他那些我们知道的功绩之后,晚年以诗来让自己的功绩不朽。

∽∽

修昔底德借伯里克利之口,说雅典人最特别之处,在于"可以非常地大胆,但做起事却又能深思熟虑"。

萨拉米斯之役中那些所向无敌的战船,都是靠最贫苦的雅典人在划动的。

参考柯恩(Cohen):"自从雅典没了能赋予剧场生命的诗人,它就不再拥有够格称之为剧场的剧场。"

∽∽

---

[1] 梭伦(Solon):古代希腊的政治家、立法者、诗人。——译注

第三本 1939—1942

弗拉克（Otto Flake）论萨德[1]："一种价值观，对不服从它的人而言，它就是不稳定的。萨德看不出他必须服从的理由在哪里，他找了很久，还是找不到这样的理由。"萨德认为，没有得到圣宠的人是毋须负责的。

参见《茱丽叶》（*Juliette*）中的恶的算法。

偏执地抗拒那承认精神和性欲有着同样存在理由之基本法。最后被送进了沙朗东[2]，为世所不容但精神正常，他还让那些疯子上台演戏，整个演出由他一手包办：画面（Tableau）。

"他发明了很多他根本没经历过也不会想经历的凌虐方式——为了能够和接触到一些伟大的问题。"

✌✌

《白鲸》里面的那个象征[3]，页120、121、123、129、173—177、203、209、241、310、313、339、373、415、421、452、457、460、472、485、499、503、517、520、522。

各种情感和意象让哲学强化了十倍。

---

[1] 加缪后来在《反抗者》中曾讨论萨德（页55—67）。——原编注
[2] 沙朗东（Charenton）：指位于巴黎近郊圣摩里斯市的一间由教会主办的精神疗养院。萨德侯爵在里面住过好几次，最后一次是从1801年一直到1814年过世。——译注
[3] 为《鼠疫》做的读书笔记。——原编注

∽

雅典人只在百花节（les Anthestéries）的时候会想到那些死掉的人。一旦过完节，"你们走吧！幽灵，百花节已经结束。"

最初，在希腊宗教里面，所有的人都会下地狱。没有奖赏也没有惩罚——而在犹太宗教里。这就是为什么会产生奖赏观念的社会背景。

∽

公元前404年。雅典在和吕山得签下停战协议之后，伯罗奔尼撒战争就在吕山得下令对雅典攻城的笛声中结束了。

∽

锡拉库扎的专制君主，提莫列昂的精彩故事（他以叛国的罪名，逮捕并处决了自己的父亲。第251、252、253页）。[1]

∽

4世纪时，在一些希腊城邦里，寡头统治集团的成员会做

---

[1] 提莫列昂（Timoléon）杀的应该是他的兄长提莫芬纳（Timophanes），据说还把脸遮起来在一旁监斩。——译注

第三本 1939—1942

这样的宣誓：

"我将永远与人民为敌，我将提出我确定会对他们不利的建议。"

大流士出亡，亚历山大在后追赶（293—294）。

苏萨的婚礼：一万名士兵，八十名将军和亚历山大自己，和波斯女人结为夫妻。

❧

德米特里一世[1]：才刚登基，就又成为从这村到那村的浪人。

安提斯泰尼[2]："做好事还得听别人说自己坏话，真是国王般的享受啊！"

❧

参考马可·奥勒留[3]："凡我们可以活下去的地方，我们就可以在那儿过得很好。"

---

1 德米特里一世（Démétrios Poliorcète，前337—前283）：安提哥那一世（Antigone le Borgne）和亚历山大大帝的侄子，马其顿冒险家，曾统治过雅典以及马其顿，之后又丧失所有领土，沦为阶下囚。——原编注
2 安提斯泰尼（Antisthène，前444—前365）：曾经苏格拉底和高尔吉亚的学生，是犬儒学派的创始人之一。——原编注
3 马可·奥勒留：罗马帝国的哲学家皇帝，斯多葛学派信徒，在位期间约是161—180。——译注

"让一件构想中的作品无法继续下去的，会变成这件作品本身。"

挡在路上的会让人走更多的路。

1942 年 2 月完

加缪作品表

伽利玛出版社

《反与正》(*L'ENVERS ET L'ENDROIT*)，散文

《婚礼集》(*NOCES*)，散文，1993 年，新版 NRF essais 系列

《婚礼集》《夏》(*L'ETE*) 合订本（Folio 口袋书系 16 号）

《局外人》(*L'ETRANGER*)，小说（Folio plus 口袋书系 10 号，附若埃尔·马尔里厄〔Joël Malrieu〕专文导读）

《西西弗斯神话》(*LE MYTHE DE SISYPHE*)，散文，新版附弗朗兹·卡夫卡研究专文，1948 年，Les Essais 系列。更新版，190（NRF essais 系列；Folio essais 口袋书系 11 号）

《误会》(*LE MALENTENDU*)、《卡利古拉》(*CALIGULA*) 合订本，剧本，1947 年；1958 年新编（Folio 口袋书系 64 号）

《致德国友人书》(*LETTRES A UN AMI ALLEMAND*)，1948 年新版附未发表前言（Folio 口袋书系 2226 号）

《鼠疫》(*LA PESTE*)，小说（Folio plus 口袋书系 21 号，附伊夫·安塞尔〔Yves Ansel〕专文导读）

《戒严》(*L'ETAT DE SIEGE*)，剧本（Folio théâtre 口袋书

系 52 号，皮埃尔-路易·雷伊〔Pierre-Louis Rey〕编）

《时事集》（*ACTUELLES*），政论

  一、评论集，1944—1948（Folio essais 口袋书系 305 号）

  二、评论集，1948—1953

  三、阿尔及利亚评论集，1939—1958（Folio essais 口袋书系 400 号）

《正义者》（*LES JUSTES*），剧本（Folio 口袋书系 477 号）

《反抗者》（*L'HOMME REVOLTE*），散文（Folio essais 口袋书系 15 号）

《夏》（*L'ETE*），散文

《流亡和独立王国》（*L'EXIL ET LE ROYAUME*），短篇小说集（Folio 口袋书系 78 号）

《堕落》（*LA CHUTE*），中篇小说（Folio plus 口袋书系 36 号，伊夫·安塞尔专文导读）

《瑞典演说文》（*DISCOURS DE SUEDE*）（Folio 口袋书系 2919 号），Carl Gustav Bjurström 跋

《反与正》（*L'ENVERS ET L'ENDROIT*），（Folio essais 口袋书系 41 号）

《加缪手记》（*CARNETS*）：

  一、1935 年 5 月—1942 年 2 月

  二、1942 年 1 月—1951 年 3 月

三、1951 年 3 月—1959 年 12 月

《旅行日记》(*JOURNAUX DE VOYAGE*)

《与让·格勒尼埃通信集：1932—1961》(*CORRESPONDANCE AVEC JEAN GRENIER*〔1932-1961〕), Marguerite Dobrenn 导读和注释

《卡利古拉》(*CALIGULA*),（Folio théâtre 口袋书系 6 号），皮埃尔－路易·雷伊编

《误会》(*LE MALENTENDU*),（Folio théâtre 口袋书系 18 号），皮埃尔－路易·雷伊编

《约拿斯或工作中的艺术家》(*JONAS OU L'ARTISTE AU TRAVAIL*) 与《石头在长》(*LA PIERRE QUI POUSSE*) 合订本,（Folio 口袋书系 3788 号），改编剧本

《信奉十字架》(*LA DEVOTION A LA CROIX*), 改编自佩德罗·卡尔德隆·德·拉·巴尔卡

《闹鬼》(*LES ESPRITS*), 改编自皮埃尔·德·拉里维（Pierre de Larivey）

《修女安魂曲》(*REQUIEM POUR UNE NONNE*), 改编自威廉·福克纳 1948 年新版（Le Manteau d'Arlequin 系列，新编）

《奥尔梅多的骑士》(*LE CHEVALIER D'OLMEDO*) 改编自洛佩·德·维加

《群魔》(*LES POSSEDES*) 改编自陀思妥耶夫斯基

《加缪笔记》(Cahiers Albert Camus)

一、《快乐的死》(LA MORT HEUREUSE)

二、维亚拉涅：最初的加缪与加缪少作集(Paul Viallaneix: Le premier Camus suivi d'Ecrits de jeunesse d'Albert Camus)

三、《战斗片简（1938—1940）——发表于阿尔及尔共和报之文章》(Fragments d'un combat〔1938——1940〕- Articles d'Alger Républicain)

四、《卡利古拉》(CALIGULA)，1941年编

五、阿尔贝·加缪：开放式作品，封闭式作品？1982年塞里兹研讨会论文集(Albert Camus: œuvre fermée, œuvre ouverte? Actes du colloque de Cerisy〔juin 1982〕)

六、《快报》社论集——1955年5月—1956年2月(Albert Camus éditorialiste a L'Express〔mai 1955-février 1956〕)

七、《第一个人》(LE PREMIER HOMME)(Folio口袋书系5320号)

八、《战斗加缪论文合集》(Ouvrage collectif Camus à Combat), Jacqueline Lévi-Valensi主编、导读和注释，Bibliothèque de la Pléïade系列

《剧本及中短篇小说》(THEATRE, RECITS ET NOUVELLES),

罗歇·基约编，让·格勒尼埃前言

《论文集》（*ESSAIS*），罗歇·基约和路易·福孔（Louis Faucon）合编

卡尔曼 – 莱维出版社

《断头台省思》（*REFLEXIONS SUR LA GUILLOTINE*），收录在《死刑省思》（*Réflexions sur la peine capitale*），与库斯勒（Koestler）合著，专论

l'Avant-Scène 出版社

《特殊个案》（*UN CAS INTERESSANT*），改编自迪诺·布扎蒂，剧本

图书在版编目（CIP）数据

加缪手记. 第一卷 /（法）阿尔贝·加缪著；黄馨慧译. —杭州：浙江大学出版社，2016.7（2025.7 重印）
书名原文：Carnets I, mai 1935–février 1942
ISBN 978-7-308-15942-5

Ⅰ. ①加… Ⅱ. ①阿… ②黄… Ⅲ. ①加缪，A.（1913-1960）—文集 Ⅳ. ①B565.59-53

中国版本图书馆CIP数据核字（2016）第123525号

本书中文译稿由城邦文化事业股份有限公司—麦田出版事业部授权使用，非经书面同意不得任意翻印、转载或以任何形式重制。

加缪手记. 第一卷
[法] 阿尔贝·加缪 著　黄馨慧 译

责任编辑	王志毅
文字编辑	赵　波
装帧设计	周伟伟
出版发行	浙江大学出版社
	（杭州市天目山路148号 邮政编码310007）
	（网址：http://www.zjupress.com）
制　　作	北京大观世纪文化传媒有限公司
印　　刷	北京中科印刷有限公司
开　　本	880mm×1230mm　1/32
印　　张	8.5
字　　数	154千
版 印 次	2016年7月第1版　2025年7月第31次印刷
书　　号	ISBN 978-7-308-15942-5
定　　价	35.00元

版权所有　侵权必究　印装差错　负责调换
浙江大学出版社市场运营中心联系方式：（0571）88925591；http://zjdxcbs.tmall.com